G. 1645.
S + 3

17327
cologne

Par ses nœuds le COMMERCE unit les Nations;
De cent divers Climats leur procure les dons:
Il releve un Etat, previent sa décadence;
Et lui rend le Credit, la Gloire, et l'Abondance.

MEMOIRES
POUR SERVIR 'A
L'HISTOIRE
DE NOTRE TEMS,
PAR-RAPPORT AUX
DISSENTIONS PRESENTES
ENTRE
LA GRANDE BRETAGNE
ET LA REPUBLIQUE DES
PROVINCES-UNIES
AU SUJET DES
DEPREDATIONS ANGLOISES
SUR MER.

A FRANCFORT ET LEIPSIG,
AUX DEPENS DE LA COMPAGNIE.
MDCCLIX.

MEMOIRES

POUR SERVIR 'A

L'HISTOIRE

DE NOTRE TEMS,

PAR - RAPPORT AUX DISSENTIONS
PRESENTES ENTRE LA GR. BRET.
ET LA REP. DES PROVIN-
CES - UNIES.

(I.)

INTRODUCTION.

Uisque les Pillages & les violences, que les Capres & Armateurs Anglois commettent envers les vaisseaux Hollandois, qu'ils rencontrent en mer, augmentent toûjours, tellement que presqu'aucun vaisseau ne peut passer à-present par le Canal, dans la mer d'Espagne, ni en Amerique, sans être exposé à ces violences, les principaux Marchands des Villes de Dort, Amsterdam, Rotterdam, & de la Hollande Septentrionale &

  Frise

Frife, en ont porté de fortes plaintes à leurs Hautes Puiffances les Seigneurs Etats Généraux des Provinces-Unies, en forme de Requettes, fignées dans les villes & Places, pour être remis par des Marchands députés, au Préfident de la dite Haute Affemblée. Voici, la réquette des Marchands de Dort.

Les

PREMIERE LISTE
DE QUELQUES VAISSEAUX, QUI ONT ETE' PILLE'S ET MALTRAITE'S PENDANT LA GUERRE PRESENTE,
PAR LES CAPRES ANGLOIS.
A V I S.

Cette Lifte & les fuivantes font mifes ici fous les Requêtes des Marchands Hollandois, pour fervir d'échantillon des fujets de leurs Plaintes. En effet, elles en contiennent feulement une petite partie parcequ'il eft impoffible de dénombrer tout ; d'ailleurs les depredations continuent journellement fur ceux qui font actuellement en voyage, outre qu'il y en a beaucoup dont on n'a pas recueilli encore le détail exact.

Num. I. *Declaration, du vaiffeau Dame JEANNE Capitaine Jan Arnaud, venant de Curaçao, deftiné pour Amfterdam, a été rencontré dans le Canal, environ le Cingle, par trois Capres Anglois dont les noms font inconus, qui ont volé de ce vaiffeau 8. tonneaux d'Indigo, dont la valeur eft de*   fl. 10000.

Les fousignés Marchands & proprietaires de Vaiſſeaux de la Ville de Dort, font connoitrè avec tout le Reſpeɛt requis : que, comme d'un coté, c'eſt une verité inconteſtable que le Commerce & la Navigation, eſt la principale ſource, d'où la plus grande partie des habitans de cet Etat, du prémier juſqu'au dernier, du Rentier juſqu'à l'artiſan, ont puiſé de tout tems leur ſubſiſtence, & leurs Richeſſes ; outre qu'il eſt une des plus conſiderables branches des Revenus du Païs, & un appui & pillier des finances de l'Etat ; il eſt inconteſtable auſſi de l'autre coté, qu'il eſt abſolument néceſſaire de proteger & d'aſſurer de la manière la plus vigoureuſe & la plus efficace cette navigation & commerce, contre les injuſtes empêchemens & inſultes de ceux, qui quoique liés à la République par des traités, & par conſequent les moins en droit de troubler les habitans de ce Païs dans leur Commerce, ils ſe comportent directement au contraire,

re,

Num. II. *Le vaiſſeau les NEVEUX, Capitaine Jarig Jansz, venant de Charante, deſtiné pour Oſtende, a été rencontré environ Seems par une Fregatte Angloiſe, qui en a ravi 2 & demi pièces de Brandevin ; enſuite il a été rencontré par un Vaiſſeau Anglois, qui a volé 2. tonneaux de Brandevin. Ces effets volés ſont eſtimés fl. 500.*

A 3   Num. III.

re, & témoignent par leurs faits, qu'ils foulent aux pieds les traités les plus folemnels, & qu'ils font de la Mer libre un champ pour exercer leurs brigandages & leurs violences.

Quoique les fuplians croient cette verité affez connue, & il paroît inutile & fuperflu, de faire ici le Récit des atteintes innombrables, de l'enlevement ou de la rétention inouie de nos vaiffeaux, qui va toujours croiffant, comme auffi les deprédations, pillages & violences, avec les tyrannies enormes que la Nation Angloife exerce en mer fur toutes les Cotes, dans toutes les colonnies & dans tous les Ports, fur les vaiffeaux des fujets du Pais, fur la marchandife qu'ils portent, & même fur les Perfonnes des mariniers & matelots, malgré qu'ils foient munis des témoignages réquis & valables, & fe comportent en tout conformement aux Loix & aux traités; cependant on veut faire paffer ces tyrannies pour légitimes par des Procedures & Sentences inouies, prononcées juridiquement contre toute juftice. La vérité de ce qui eft dit, eft affez connue, & *fe confirme* non feulement par les Nouvelles publiques, qui ne racon-

---

Num. III. *Le vaiffeau de* PAUL PHENIX, *Capitaine* Jouke Renemann *venant de Bayonne, deftiné pour Hambourg, a été rencontré près de Bevezier par un Capre Anglois, qui lui a ravi en Indigo &c. la valeur de* fl. 4000.
Num. IV.

content que la moindre partie de ces infolences, mais auffi ne fe confirme que trop, par les avis qui nous viennent de tous cotés, au grand dommage & régrêt des fuppliants; les infultes & violences vont fi loin, qu'un ennemi declaré ne pourroit faire d'avantage pour perdre & ruiner les Habitans de ce Pais, comme la dite Nation l'a pratiqué par tout impunement : à-peine trouvera-t-on entre les peuples les plus barbares des Exemples de pareils excès & vexations; & la Poftérité ne faura croire qu'on les ait tolerés.

Les Supplians ne font donc en effet que trop obligés de porter, fur ces mauvais traitemens, contraires au Droit des Gens & aux traités qui fubfiftent, le plus refpectueufement leurs juftes plaintes au fein de Vos Hautes Puiffances, les Protecteurs de nos perfonnes, de nos biens, de nôtre Commerce & marine;

en

Num. IV. *Le vaiffeau le Chef d'œuvre, Capitaine* Jacques Jansz Klein *venant de* Hambourg *deftiné pour* Cadix, *de* Cadix *à* Mallaga, *de* Mallaga *à* Amfterdam, *a été rencontré le* 16. *Juin* 1757. *près de* Douvre *par deux Capres Anglois, & forcé à payer* 5. Salves; *enfuite il fut rencontré par deux Capres Anglois, qui ouvrirent par force les ponts, volerent & jetterent en mer plufieurs effets, & exercerent plufieurs infolences. Le Domage eft eftimé à* fl. 4000.

A 4

Num. V.

en mettant sous leurs yeux la grande necessité
qu'il y a de *trouver les moyens* de nous proteger,
comme les supplians, croient, que Vos Hautes Puissances Elles mêmes en font convaincues. Le Commerce & la marine, qui, pour
ainsi dire, a été le premier & le vrai fondement de
cette République, est venu par la manière susdite, à la veille de sa Ruine; les marchands &
proprietaires ne peuvent plus l'exercer avec le
même Zele, vigueur & encouragement, comme auparavant, vû que pour les dites Raisons
les Assecurateurs font difficulté & refusent même
de donner aucune assurance aux habitans negocians, & que les matelots, qu'on a toute la peine
du monde à trouver, s'envont presque tous,
tellement que sans le maintien & la Protection toute necessaire de Vos Hautes Puissances

---

Num. V. *Le vaisseau le VILLAGE de HE-
REVEEN, Capitaine* Jan Pierre Ebbes, *venant
de Hambourg destiné pour Bourdeaux, a été rencontré le 1. Août près de Bevezier par deux Chaloupes de deux Capres, chacune ayant à bord 7.
hommes armés, qui enleverent du dit vaisseau
autant qu'ils pouvoient charger, tant fil de Cuivre,
que d'etoffes, pelleteries &c., ouvrirent plusieurs Caisses & tonneaux, & maltraiterent de Coups le Pilote.
Près de Guernsey il rencontra encore d'autres Capres qui le volerent. La valeur des effets volés
monte à* fl. 7800.
Num. VI.

ces, *il n'eſt pas poſſible* qu'on puiſſe eviter la totale & irreparable perte de tant de milliers d'habitans de cet Etat non ſeulement, mais auſſi une diminution conſiderable des finances du Païs.

Les ſupplians s'addreſſent donc à Vos Hautes Puiſſances, pour ſe mettre à couvert des Reproches, que la Patrie, les Concitoyens, leurs Familles & même la Poſterité leur pourroient faire, de ces ſuites déplorables & inévitables; ſuppliant très-humblement, avec inſtance, qu'àprès l'avoir bien péſé, Vos Hautes Puiſſances veuillent arrêter & mettre en œuvre les moyens les plus efficaces & les plus convenables (comme le mal l'éxige,) pour proteger le Commerce & la navigation des habitans; cette choſe étant de ſi grande conſéquence, que les ſuites dangereuſes, pernicieuſes & irreparables, ſont *très-fort* à craindre, ſi on ne les prévient pas ſans rétardement. Cependant, juſqu'à un entier Rétabliſſement de nôtre Navigation

A 5   libre,

Num. VI. *Le vaiſſeau les CINQ FRERES, Capitaine* Cornelis Teunisz Reus, *venant d'Amſterdam, deſtiné pour Bourdeaux, a été rencontré près de Douvres par trois Capres Anglois, qui enleverent de ce vaiſſeau 66. Rouleaux de Toile à voiles, trois piéces de Cordages, un tonneau de grains de Génevre,4.tonneaux de Brandevin, ſans compter 3. ℔. de Théc, un pain de Sucre & pluſieurs bagatelles.La valeur en tout monte à fl.2500.*

Num. VII.

libre, Vos Hautes Puiſſances voudront bien auſſi faire quelqu'arrangement proviſionel, comme ſelon Leur Sageſſe & leur Prudence, Elles le jugent le plus convenable pour l'affermiſſement du Bien public en général, & pour l'accompliſſement de la démande & des vuës des ſupplians en particulier.

Nous ſommes &c.

De

Num. VII. *Le vaiſſeau la Demoiſelle TIET-JE, Capitaine* Claude Pierre Bok, *venant de Bourdeaux deſtiné pour St.* Petersbourg, *a été rencontré le* 28. May 1757. *par deux Capres Anglois qui ouvrirent par force les ponts, & enleverent de ce vaiſſeau* 2. *Barrils* (Oxhoofden) *de vin,* 2. *demi barrils de vin,* 3. *Caiſſes de prunes, un tonneau de Caffé, un tonneau d'huile, percerent les caiſſes & les tonneaux & enleverent pluſieurs effets de la Cajute. Le* 1. *Juin il rencontra un autre Capre, qui le força de venir à bord & enleva un tonneau de prunes. Le* 4. *Juin il rencontra près de Bevezier deux autres Capres, qui prirent* 12. *tonneaux d'Indigo &* 4. *tonneaux de prunes, ils rapporterent* 6. *tonneaux d'Indigo, gardant les* 6. *autres. La valeur des effets volés monte à* fl. 18000.

Num. IX.

De la part des Marchands d'Amſterdam il a été préſenté deux Requetes. Celui des Négotians intereſſes en général dans dans la Navigation, eſt de ce contenu.

A LEURS HAUTES PUISSANCES, LES ETATS GE'NE'RAUX DES PRO-VINCES-UNIES.

Font très-humblement connoitre les ſous-ſignés Marchands & Aſſeurateurs de Vaiſſeaux, que les violences & les injuſtes déprédations que des vaiſſeaux de Guerre & les Armateurs Anglois

---

Num. VIII. *Au vaiſſeau les TROIS FRERES,* Capitaine Cornelis Bakker *venant d'Amſterdam,* deſtiné pour Cadix *&* de Cadix à Amſterdam, ont été volé pluſieurs éffets à ſon depart, *&* au retour il fut rencontré le 19. de Fevrier 1758. ſur la hauteur de 47. degrés de largeur par un Capre Anglois, qui envoya un bateau à bord, prit par force 4. Caiſſes de Fruits, endommagea 2. à 3. autres, *&* paya 10. fl. ∶-∶- diſant que c'é-toit pour le transport. Le 25. Feur. il rencon-tra près de Wight 2. Capres Anglois qui l'a-voient pillé lorſqu'il partoit; ils envoyerent 20. à 25. hommes armés à bord du dit vaiſſeau, qui enleverent par force 22. à 23. balles d'Indigo bleu d'azur, une caiſſe de Saffran, une balle de toile, deux caiſſes de baume, pluſieurs tonneaux de vin &c.; enſuite il vint encore un autre Capre, qui

glois commettent contre les vaisseaux & les Biens des Sujets de l'Etat, continuent non seulement, mais aussi augmentent de jour en jour, & vont à une telle extravagance, que les suppliants se voient contraints d'implorer le sécours de Leurs Hautes Puissances, afin que le Bonheur d'une grande Partie des habitáns de ce Pais, & ses Finances ne soyent en peu de tems absolument ruinés en même tems son Commerce et sa navigation.

Les supplians n'insereront pas ici un long récit de l'arrêt, de l'enlevement, des Pillages et violences exercées dépuis long-tems contre les vaisseaux de cette Republique, d'une façon toute inhumaine, comme on l'entend raconter, tellement, qu'un ennemi déclaré ne pourroit en agir plus tyranniquement, que font les sujets d'une Puissance avec laquelle l'Etat est

---

qui lui prit 15. *balles d'Indigo d'azur,* 2. *caisses de banilles, & plusieurs autres effets. Tous les effets volés au départ & au retour, valent suivant la note jointe à l'avis,* fl. 48541.

Num. IX. *Le vaisseau SARA , Capitaine* Rookus Birkel, *allant de Rotterdam à Whitehaven, a été rencontré près de Dungenes par un Vaisseau Anglois, qui ouvrit toutes les Caisses, en enleva* 5. *avec plusieurs autres effets, de la valeur de* fl. 2000.

Num. X.

eſt allié par les traités d'amitié les plus ſolemnels ; parceque tout cela eſt déja public & généralement connu à tout le monde.

Ils ne s'etendront pas non plus ſur les Inſultes faites au Pavillon, ni du mépris de l'autorité & de la Souveraineté de Vos Hautes Puiſſances, ſachant bien que cela leur eſt aſſez connu.

Ils demandent ſeulement la permiſſion de propoſer avec toute la ſousmiſſion dûe, que les ſupplians qui ſont établis ici pour vaquer au commerce & à la Navigation, ne ſauroient comprendre, qu'eux ſeuls doivent être les infortunés ſujets dans l'Etat, qui ne mériteroient pas, dans leur affliction, la Protection, qui eſt ſi juſtement emploiée à la défenſe des habitans, à l'agriculture, & en toutes choſes qui ſe font aux depens communs de l'Etat, dont les ſupplians jouiſſent auſſi & auxquels auſſi ils contribuent leur part.　　　Les

---

Num. X. *Le vaiſſeau le JUPITER, Capitaine* Jacques Hendriks, *a été rencontré le* 30. *Août* 1757. *près de Bermudes par un bateau, qui tira ſur dit vaiſſeau ; c'étoit un Capre Anglois ; il envoya des gens armés au bord, qui ouvrirent par force les ponts, forçerent les gens du vaiſſeau à porter les effets ſur le tillac, & pillerent terriblement ; le gens du vaiſſeau furent fort maltraités de même que la charge. Le domage avec ce qui a été enlevé eſt eſtimé à*
　　　　　　　　　　　　fl. 1000.
　　　　　　　　　Num. XI.

Les suppliants au-contraire se flattent que leur travail, le risque de leurs Biens & les périls de la mer, pourroient avoir tant d'influence sur le Corps commun de l'Etat, que, si les Négociants de ces Païs se verroient abandonnés à la discrétion des Pirates d'une Nation avec laquelle l'Etat est allié le plus étroitement, mille ouvriers & gens des moins aisés, avec des marchands même qui sont encore bien dans leurs affaires, seroient réduits à la pauvreté & à la dernière misère non seulement, mais aussi empecheroit l'influence susdite, soit par la ruine des possessions & des Biens des Marchands qui tiennent fidellement à leur Patrie; soit par la rétraite de ceux qui seroient contraints à quitter leur Patrie, dont la defense leur tient au cœur, causeroit une alteration mortelle, & porteroit les choses à l'extrémité.

Num. XI. Le vaisseau LA LIBERTE', Capitaine Claas Bas, venant d'Amsterdam, destiné pour Cork & St. Eustache, a été rencontré près de Douvres par deux Chalouppes Angloises, qui lui firent violence & enleverent plusieurs effets, specifiés dans la déclaration, de la valeur de fl. 6600.

(II.)

MEMOIRES

POUR SERVIR 'A

L'HISTOIRE

DE NOTRE TEMS,

PAR-RAPPORT AUX DISSENTIONS PRE-SENTES ENTRE LA GR. BRET. ET LA REP. DES PROVINCES UNIES.

(II.)

SUITE DES REQUETES DES MAR-CHANDS HOLLANDOIS TOU-CHANT LES DEPREDA-TIONS ANGLOISES.

L'Angleterre ne peut que se loüer de la Moderation des Etats Generaux, qui ont refusé d'user de leurs forces contre les dépredations Angloises, quoique les principaux Négociants d'Hollande, qui en ont tout souffert, insistassent continuellement par leurs Députés à la Haye, de leur propre part & de la part d'un grand nombre de gens infortunés qui se voyent à la veille d'être privés de leur subsistence, & d'être mis à la béface & réduits à la dernière misere; qu'il plaise à Leurs Hautes Puis-

B

sances d'accorder enfin une Protection prompte, efficace & essentielle à la Navigation & au Commerce, pour que les obéissants & fideles sujets de cet Etat libre puissent jouir de sa seureté & de leurs Possessions.

La deuxieme fort ample & urgente Requête des Marchands d'Amsterdam est signée de ceux qui ont un intérêt particulier dans le Commerce aux Indes Occidentales. En voici le contenu :

A LEURS HAUTES PUISSANCES LES SEIGNEURS ETATS GE'NE'RAUX DES PROVINCES-UNIES.

FOnt connoitre avec tout le Respect requis, les soussignés Marchands & Assécurateurs d'Amsterdam, qui sont particulierement interessés dans le Commerce & les équipages pour les Indes Occidentales & les Isles de l'Amerique :
Que

SUITE DE LA LISTE I. DES DE'PRE-DATIONS ANGLOISES.

Num. XII. *Le vaisseau L'ANNE MARIE, Capitaine* Witje Lolkes *venant* d'Amsterdam *destiné pour* Lisbonne, *a été rencontré le* 20. Sept. 1757. *environ Heyzant par une Fregatte Angloise appellée LE LION, Capitaine* John Steevens

Que les fupplïans ayant été engagés long-
tems avant le commencement de la guerre
prefente entre l'Angleterre & la France, dans le
Commerce mentionné, & au fomptueux équipage néceffaire pour cet effèt, ou à fon affécu-
ration, n'ont point trouvé de difficulté depuis,
(fuivant le fondement du traité de Marine conclu en Decembre 1674. entre Sa Majefté
Royale de la Grande Bretagne & Vos Hautes
Puiffances, comme auffi de la Convention ex-
plicatoire de l'année fuivante 1675.) d'aborder
avec leurs vaiffeaux aux Places & Ports des Isles
ou Colonies Françoifes, comme ils le trou-
voient le plus convenable, réfpectivement à la
vente des charges & à l'achat des Rétours;
avec cette réftriction pourtant, qu'à l'égard de
ces vaiffeaux, la charge & l'envoi ou l'affecu-
ration

---

vens de Cork, qui prit 150. Fromages, & donna quittance pour les proprietaires. Le même
jour il vint un autre Capre avec des gens armés,
qui ouvrirent tout, prirent plufieurs uftenciles
de vaiffeau & autres effets. Le 22. Sept. un
autre Capre vint à bord du vaiffeau avec beaucoup de gens armés, qui gâterent & enleverent
plufieurs effets, & donnerent un billet de 15.
livres Sterlings figné George Peters fur Thomas
Sugan Marchand à Londres. La valeur du
vol eft eftimé à   fl. 800.

ration des Marchandises Contrebandes ainsi appellées, soit soigneusement évité en tems de
guerre, comme il est expressement marqué
dans le troisième article du traité mentionné.
Ainsi qu'ils croyoient se faire un titre par cette
précaution, à pouvoir se faire voir avec les Passeports, Lettres & autres certificats des Vaisseaux, sur
la Consignation & la Charge, soit dans quelque Port, soit en pleine mer aux armateurs ou
vaisseaux de guerre appartenants à la Couronne
d'Angleterre, comme il est amplement réglé
dans l'Article V. du traité.

Mais peu de tems après le commencement des
hostilités entre les deux Couronnes, de France
& d'Angleterre & leurs sujets, les vaisseaux de
guerre & particulierement des Armateurs Anglois ont extrémement inquieté la Navigation
& le Commerce des Citoyens de cet Etat, &
sont venus à de si grands excès, comme il a
été démontré à Vos Hautes Puissances par une
foule d'Addresses & de Requettes, avec les
do-

---

*Num. XIII. Le vaisseau le Jeune JEAN, &
GERTRUID, Capitaine Michel Gerreds, venant
d'Amsterdam destiné pour Livorne, a été rencontré
près de Douvres par deux Capres Anglois qui
demandèrent de l'argent, & comme ils n'en reçurent
point, ils se mirent à piller, enlevèrent deux ballots
de toiles peintes & de linge, avec une Caisse de diverses Marchandises, de la valeur de* fl. 3000.

documens réquis, & qu'il fera encore démontré par celle - ci: pas un vaiffeau équipé n'a été
rencontré par ces Armateurs en mer, fans être
abordé, la charge, en partie ou toute entière
ravie, les Officiers & les matelots cruellement
maltraités, & fort fouvent enlevés fous le prétexte le plus frivole. On a arrêté ceux qui par néceffité font entrés dans un port Anglois, où on
a jugé de Droit, de déclarer ces vaiffeaux, enlevés ou arrêtés avec leur Carguaifon, pour de
bonnes Prifes, & taché de donner quelque
apparence de légalité à ces violences, par
de prétendues fentences judiciaires.

Cela, dont quantité d'Exemples pourroient
être allegués, eft arrivé aux vaiffeaux, & Marchandifes deftinées aux Ifles & Colonies Françoifes en Amerique, ou qui en revenoient,
dans lefquelles les fupplians font intereffés directement, comme proprietaires, chargeurs,

B 3

ou

Num. XIV. *Le vaiffeau L'AMERIQUE*,
Capitaine Jan Cornelifz Swerver, *venant d'Am-*
fterdam deftiné pour Cadix, a été rencontré le 11
Juillet 1757. *par deux Chalouppes de Capres, qui*
le ménacerent fort, maltraiterent l'équipage,
ouvrirent par force les ponts, & demeurerent
au bord tout le jour. Le Capitaine vouloit voi-
ler vers Douvres; mais il en fut empêché par
leurs menaces. La valeur de ce qui a été ravi
& volé monte à *fl.* 4600.

ou Affecurateurs, tout comme fi cette navigation étoit moins permife aux habitans des Provinces-Unies des Pais-Bas, que la navigation
dans les autres Places, parceque nous fommes
neutres, ou alliés avec la Couronne de la Grande
Brétagne: quoique il foit marqué expreffement
dans le II. article du traité de marine, que la
liberté de la navigation & du commerce, ftti-
pulée dans le précédent I. article, en faveur des
fujets de part & d'autre, ne fouffriroit en aucune forte à l'occafion d'une guerre, mais qu'il
s'etendroit fur toutes les Marchandifes dont on
fait commerce en tems de Paix, à la réferve
feulement de celles, qui dans le troifiéme article fuivant font exprimées par le Nom de
Contrebande; & même dans l'explication qui
fut faite là deffus en 1675. le vrai fens & l'intention eft, que les vaiffeaux & batiments
apartenants à une de deux Parties contractantes,
trafi-

Num. XV. *Le vaiffeau la Demoifelle CHRI-
STINE Capitaine* Jan Pitiersz *venant d'Amfterdam deftiné pour* Bourdeaux, *a rencontré près de*
Douvres 3. Capres Anglois, *qui ont enlevé la
moitié d'un tonneau de Sucre en pains, deux
balles de balaine, de fil d'archal &c. & plufieurs
chofes de moindre prix. Enfuite il rencontra deux
autres Capres Anglois, qui prirent l'autre moitié
du tonneau de Sucre en pain jufqu'à un. Ces
effets volés font eftimés à* fl. 4000.

trafiqueroient, & paſſeroient d'une Place ou Port neutre, à une Place ennemie de l'autre Partie, ſoit, que les dites Places appartiennent au même Prince ou Etat, avec lequel l'autre Partie ſeroit engagée en guerre, ou à des Etats & Princes divers.

N'ayant donc point appris après cette claire explication, que Vos Hautes Puiſſances en ayent jamais marqués aucun doute, les ſuppliants d'autant moins ont pu s'imaginer, qu'il falloit s'abſtenir du commerce, de la navigation & Aſſecurance dans les Isles & Colonies en Amerique; puiſque dépuis, ce point été conſtaté, ſpéciellement encore pendant la derniere guerre avec la France & l'Eſpagne, où Sa Majeſté Britannique apréſent régnante encore, déclara par une Lettre Patente, du 30. Avril 1744. que les Effets Eſpagnols ou François au bord des vaiſſeaux Hollandois, en Europe auſſi bien qu'en Amerique, ne devoient pas être conſidérés comme Contrebande, encore moins confis-

B 4   qués

Num. XVI. *Le vaiſſeau la* PAIX, *Capitaine* Douwe Teunis Janſen *venant* d'Amſterdam *deſtiné pour Bayonne, a été rencontré le 30. Juin entre Calais & Douvres par un Capre Anglois, qui ouvrit les ponts, & prit pluſieurs balles & tonneaux, & deux balles qui contenoient chacune deux Balles de Canelle; ainſi, ce qu'il vola fait la valeur de*   fl. 2000.

qués sous ce pretexte; mais qu'il falloit au contraire qu'on observât soigneusement & religieusement les Traités subsistants sur ce sujet. Après ce mandement Royal exprès, l'experience a apris outre cela, que plusieurs vaisseaux Marchands, ayant été enlevés alors injustement, ont été rélachés, avec leurs charges: il y en avoit contre lesquels les juges inferieurs avoient deja prononcés des Sentences de Confiscation, dont on avoit appellé à la Cour de l'Amirauté à Londres, parceque les Supplians ne pouvoient trouver aucune Raison légale, pourquoi dépuis le commencement de cette guerre, qui ne regarde point la République, la Grande Bretagne néanmoins la traite hostilement, sans observer aucunement le traité de 1674.

Pour en donner une ébauche courte & regulière, les supplians prennent la liberté de rémontrer à Vos Hautes Puissances, que, loin de laisser jouir les habitans des Provinces Unies de la liberté, si solemnellement promise dans le premier article, de naviger & trafiquer en tou-

---

Num. XVII. *Le vaisseau le* JEUNE PIERRE *Capitaine* Barend Douwes *venant* d'Amsterdam *destiné pour* St. Sebastien, *rencontra trois Capres Anglois, qui ont enlevé un tonneau de cirs, deux balles de Cannelle, 3. balles de linge, fil d'archal, de l'argent, & autres effets de moindre valeur, qui en tout sont estimés à* fl. 6400.

toute feureté, dans tous les Royaumes, Etats
& Païs, qui font en Paix, amitié ou neutralité
avec Vos Hautes Puiffances, & aucunement
d'en être empêché en aucune façon, ni par
des Soldats, ni par des vaiffeaux guerre, ni
par aucune forte de batimen quel que ce puiffe
être, apartenant à l'Augufte Roi de Grande
Bretagne, ou à fes fujets, dans aucune Occafion, ni fous aucun prétexte de quelque hoftili-
té, ou difcorde, qui pourroit naitre entre les
Rois & les Princes ou peuples, quels qu'ils puiffant être, qui font en Paix ou Neutralité avec
Vos Hautes Puiffances ; cependant tout au
contraire, on trouble cette liberté par les entreprifes les plus violentes, pillages & dépréda-

B 5   tions

Num. XVIII. *Le vaiffeau* ANNE MAR-
GUERITHE, *Capitaine Tiert Baukes venant
de Bourdeaux deftiné pour Riga, a été rencontré le
4. Juillet 1757. par un Capre Anglois, qui lui ravit plufieurs bagatelles. Le 6. Juillet, il en rencontra un autre, qui prit tout ce qui fe trouvoit
dans la Cajute, & menaça le Pilote de le pendre, lui mettant la Corde au Col, ouvrit les
ponts & enleva plufieurs effets. Le 7. de Juillet il rencontra un troifieme Capre, qui l'infulta
pareillement. Le 16. Juillet un quatrieme Capre
lui ravit plufieurs effets, qui tous enfemble, con-
fiftans en Brandevin, Caffé & prunnes &c. font
estimés à* fl. 1500.

tions de nos vaisseaux; dont pas un n'est epargné, ni en Europe ni en Amerique ou ailleurs, que les Capres ou Armateurs Anglois peuvent atteindre.

Les Navigateurs de cette République ont beau se mettre à couvert contre ces inconveniens, il ne leur sert de rien, de ne point transporter de choses appellées dans le II. & III. article, Contrebandes, ce qui est connu ne comprendre que toute sorte d'armes & de munitions; mais les autres marchandises & particulierement les materiaux pour les vaisseaux, & les vivres, mentionés dans le IV. Article, n'y sont pas compris: néanmoins on exerce des brutalités insupportables, sous les prétextes les plus frivoles, pour enléver nos vaisseaux; ou si par bonheur ils echapent enfin à la Confiscation, (ce qui arrive rarement) c'est encore une espece de faveur, d'exiger le payement du tiers ou du quart de la valeur de la charge en Partie, ou entière, pour s'en rendre maitre au moins par cette voie,

com-

Num. XIX. *Le vaisseau* MARIE *Capitaine Jentje Saukes venant de Bourdeaux destiné pour St. Petersbourg, a rencontré le 14. de Juin 1757. près de Bevesier un Capre Anglois; il vint à bord l'epée à la main, fit des violences, ouvrit les ponts, arracha les planches, ravit un tonneau d'Indigo & 3. barils de Brandevin, le tout estimé à* fl. 5100.

comme cela paroit par la rétention des mats,
planches & douves au bord du vaisseau Catharina
Margaretha. C'est ainsi que les Marchandises,
déclarées expressement libres, même par le traité, cessent tout d'un coup de l'être, & de-
viennent dependantes de l'arbitrage d'une partie,
quoiqu'elle ne soit pas moins obligée, que l'autre, à remplir ce dont elles étoient mutuel-
lement convenues.

Les Lettres & Passeports ordinaires des vaisseaux, avec les factures ou Listes de la charge en
général, ou dans des cas particuliers, marqués
dans le V. VI. & VII. Articles, n'empêchent
pas les Officiers de la Couronne de Grande Bretagne dans les Ports, ni les Armateurs en pleine mer, d'arreter longtems les vaisseaux des
habitans de cet Etat, & si tout va bien, d'extorquer de l'argent; on les force, à ouvrir les
ponts, à rompre les Coffres, Boëtes, balots
ou tonneaux, & d'enlever tout ce qui leur en
convient, & fort souvent le vaisseau avec toute sa charge, sans attendre, suivant le sens
pro-

Num. XX. *Le vaisseau* LA JEUNE TIAM-
ME, *Capitaine Jan Gerritz, venant de Bour-
deaux destiné pour Embden, a rencontré le* 15.
May 1757. *près des Côtes Françoises, un Capre
Anglois, qui ouvrit les ponts, prit* 3. *Pièces de
Brandevin, maltraita l'équipage & surtout le
Pilote. Les Effets volés sont estimés à* fl. 800.

propre & naturel du VII. article mentioné, jufqu'à ce, qu'en préfence des Officiers de l'Amirauté, elle foit débarquée, fait un inventaire, procedé régulierement & prononcé une
Sentence de Confifcation contre elle; on ne fait
point réflexion dans ces procedures aux vaiffeaux & Biens qui devroient être déclarés libres
fuivant le traité, & non pas déclarés pour de
bon-

Num. XXI. *Le vaiffeau la BONNE RE-
SOLUTION, Capitaine Hendrik Jansz Plat-
jes, venant de Nantes, deftiné pour Breft, a été
rencontré le 13. Sept. 1757. par un Capre Anglois nommé KOOTER, Capitaine BALLIN
de Jerfey, qui prit à bord le Pilote & deux matelots, violenta le Capitaine pour le forcer à déclarer
que la charge étoit pour le Compte François; mais
le Capitaine réfufant cela, on le mena a Gerfey, tira du vaiffeau la charge confiftant en froment,
& le contraignit d'acheter une charge de Harpuis pour 375. livres Sterlings avec laquelle il
falut partir pour Amfterdam après avoir été arreté
7. Mois à Jerfey & depenfé pour fon entretien
& celui de fes gens fl. 200. -:-: Le 8. May il
rencontra encore un Capre, qui lui ravit tout ce
qu'il avoit, jufqu'à l'argent dans fes poches. Tout
le domage caufé par les Capres, par l'arrêt à
Jerfey & la charge des Harpuis monte à
fl. 18500.*

bonnes Prifes, fous le frivole pretexte, que c'é-
toit marchandife défendue.

Il eft donc aifé de concevoir, que c'eft envain
que les Marchands proprietaires ou leurs Com-
miffionaires, dévant un Tribunal fous la Couronne de la Grande Brétagne, en Europe ou ailleurs, appellent aux Paffeports autentiques &
autres Documents avérés, que les vaiffeaux
apartiennent effectivement à cette République,
& à plus forte raifon, infiftent à une Reftitution entière en vertu de l'article VIII. du Traité, où toute Marchandife (à la referve de Contrebande) deftinée même pour les ennemis de
Sa Majefté Royale, eft déclaré libre & franche,
quand elle eft au bord des vaiffeaux Hollandois;
Cependant il y a plufieurs Exemples, que la
fimple déftination à une Place Françoife ou le
Rétour infpire aux juges le foupçon, que ces
vaiffeaux apartiennent au Roi de France, à fes
vaffaux & fujets, ou à d'autres Perfonnes qui
démeurent dans fes Etats: ils croïent un foupçon, auffi nud & injufte, fuffiffant pour confifquer vaiffeau & charge par une Sentence dé-
fini-

Num. XXII. *Le vaiffeau L'AMITIE', Capitaine Thomas Poo, venant d'Amfterdam deftiné pour Cadix, a été pillé par des Capres Anglois d'une manière cruelle; fuivant une déclaration Efpagnole. Les effets volés font eftimés
à* fl. 4500.

finitive. Dans le IX. & X. Article, il a été promis aux sujets & vassaux des parties Contractantes, pour prévenir tout désordre & dommage, de punir les Contre-venants, & de réparer le dommage fait; comme aussi d'imposer pour cet effèt, aux Capitaines des vaisseaux, équipés par des Particuliers, en tems de guerre, de prêter caution suffisante de la Recette de leur Commission. Tout cela n'est plus qu'une lettre morte pour les habitans de l'Etat, qui, en Angleterre ni dans ses Places ou Ports sont écoutés: leur dommage & leurs pertes ne sont jamais estimées assez grandes, toutes éclatantes que

---

Num. XXIII. *Le vaisseau le* JEUNE JEAN, *Capitaine Rink Pietersz Tiebbes, venant d'Amsterdam destiné pour Rouan, a rencontré le 4. Sept. 1757. trois Capres près de Calais: ils vinrent à bord du vaisseau, exercerent des violences, enfoncerent les Cloisons, percerent les Caisses, & volerent en vin, olives &c. la valeur de fl. 7000.*

Num. XXIV. *Le vaisseau* L'ESPERANCE, *Capitaine Jan Govan venant de St. Eustache destiné pour Amsterdam, a rencontré le 29. Mars 1757. un Capre François qui lui prit du Sucre & du Caffé. Le 3. Avril il rencontra un Capre Anglois, qui ravit 9. Sacs de Caffée & la moitié d'un tonneau de Sucre, le tout estimé à* fl. 1000.

que foyent les forfaits exercés fur eux, & toutes manifeftes qu'en foyent les preuves. On s'éloigne des Regles de la juftice & du Droit; Les juges font fufpects & interreffés, par lefquels, fuivant le XI. Article, la juftice doit être

---

Num. XXV. *Le vaiffeau* DEMOISELLE PETRONELLA, *Capitaine* Martin Eggers, *venant de* St. Euftache *deftiné pour* Amfterdam, *rencontra le* 24. May 1758. *dans le Canal, un Capre Anglois de* 22. *Pièces de Canons, qui ouvrit les ponts, prit* 100. ℔. *de Sucre & s'en alla. Le* 29. *May il rencontra un autre Capre, qui prit* 8. *Sacs de Caffée. Le* 30. *May un troifieme Capre ouvrit auffi une caiffe, & la pilla. Tout le domage monte à*   fl. 950:

Num. XXVI. *Le vaiffeau le* PLONK *Capitaine* Cornelis de Boor *venant d'Amfterdam, deftiné à Lisbonne, a été rencontré le* 4. Sept. 1757. *entre Zuyd & Nordvorland, par un Capre Anglois, qui vint à bord avec des gens armés, qui en uferent comme des Barbares, & enleverent plufieurs effets & de l'argent. Enfuite il rencontra un autre Capre près de Douvres à la vûe de la ville, qui exerça beaucoup de violence, enleva deux Chaloupes chargées de Marchandife. Et près de Bévefier un troifième Capre vint le piller &c. Le domage eft eftimé à*   fl. 8000.

Num. XXVII.

être adminiſtrée en de pareils cas. Il y a auſſi des exemples qu'on n'a pas honte de s'entendre avec les Capres qui ont enlevé des vaiſſeaux Hollandois, pour inſtruire de la part de l'amirauté le Procés de telle ſorte, qu'il en réſulte la Confiſcation.

Num. XXVII. *Le vaiſſeau la* DAME MAR-GARITHE GERTRUID, *Capitaine* Geerke Oepkes *venant d'Amſterdam deſtiné pour* St. Ubes, *a été rencontré le* 7. *de Mars* 1758. *entre Cingels & Viruly par deux Capres, dont l'un vint a bord, ouvrit les Caiſſes & tonneaux, prit deux ballots de toile à voiles & deux tonneaux de beurre avec pluſieurs autres choſes de moindre valeur; & exerça des violences.* Le domage eſt eſtimé à
fl. 2000.

MEMOIRES

POUR SERVIR 'A

L'HISTOIRE

DE NOTRE TEMS,

PAR-RAPPORT AUX DISSENTIONS PRE-
SENTES ENTRE LA GR. BRET. ET
LA REP. DES PROVINCES
UNIES.

(III.)

SUITE DES REQUETES DES MAR-
CHANDS HOLLANDOIS TOU-
CHANT LES DEPREDA-
TIONS ANGLOISES.

LE domage des Supplians dans leur Commerce, Navigation & Asseu-rances, causé par la manière susdite de proceder, monte déja à plusieurs millions de florins. Ils avoient esperé, qu'ils leur séroient adjugés, en vertu du XII. Article du traité, & restitués. Ils se font addressés à Vos Hautes Puissances, demandant très-humblement qu'elles chargeassent leur Ministre à Londres de répresenter à Sa Majesté Britannique, l'inju-

C

stice

stice de ces jugements, avec les instances: que ces Sentences soient portées dans le Conseil Royal pour être révues & examinées, & de faire voir, en prononçant au bout de trois mois, si les cauteles & l'ordre préscrit dans le traité, sont observé & mis en effet. A l'occasion du malheureux accident arrivé au vaisseau & à la charge du Capitain Louis Ferret, quelques uns des Supplians s'etant pareillement addressés aux Nobles & Grandes Puissances, Mrs. les Etats de Hollande & Westfrise, il leur a plu de déliberer, & de se déclarer sur ce point par une expresse Résolution, d'une manière, que les fideles sûjets ne sauront assez louer & réconnoitre; quoique après deux fois trois mois on n'ait jusqu'ici rien encore appris d'un heureux succès en Angleterre, mais plustôt le contraire.　　　　　　　　　　　　　　Outre

---

SUITE DE LA LISTE I. DES DEPRE-
DATIONS ANGLOISES.

Num. XXVIII. *Le vaisseau la* HENDRI-NA CATHARINA, *Capitaine Jan Hessels, venant de Bourdeaux destiné pour Amsterdam, a été rencontré le 5. Febr. 1758. par deux Capres Anglois, qui vinrent à bord, lui prirent par force deux barils de vin & plusieurs effets de la Cajute, & frapperent ses gens. Ensuite il rencontra le 6. Febrier un autre Capre Anglois qui lui ravit encore 2. barils de vin.　Les effets volés sont estimés à*　　　　　fl. 550.

Outre cela, les suppliants ont encore bien des Raisons fondées, de se plaindre des Contraventions qui y sont en vogue contre le Reste du Contenu de l'Article XII. & le XIII., savoir : que les Ravisseurs des vaisseaux Hollandois ne balancent pas de débarquer, pendant le Procès, les Marchandises, & de les vendre au dessous de la moitié de la valeur, sans le Consentement, & même nonobstant les Protestations des Propriétaires ou de leurs Réprésentans ; ils leur assignent malgré eux des Garans qui n'ont rien de vaillant, & renversent ainsi l'ordre de la convention ; selon laquelle il ne convient qu'au réclamant, après avoir reçu une sentence favorable, de faire l'execution sous Caution, nonobstant des appels ; le preneur en est expressement exclu dans un cas semblable. Si donc il y auroit quelque chose à gagner par des appels, on est exposé de l'autre Coté à un nouveau danger, de

C 2

le

Num. XXIX. *Le vaisseau* ISAAC ET ELISABETH, *Capitaine* Jan Knepper *venant de* Majorque *destiné pour Amsterdam, a été rencontré le* 21. *Avril* 1758. *entre Bevesier & les Cingles par un Capre Anglois, qui vint à bord, exerça des violences & vola* 3. *Caisses de Savon & un tonneau de vin. Il a eu jusqu'à* 14. *Capres à bord sur cette hauteur, qui tous l'ont assez pillé. Les choses volées sont estimées*

fl. 1400.

le perdre. On iroit à l'infini si les suppliants racontoient les cruautés barbares. La fureur des Capres susdits, contre les Officiers, Passagers & autres gens qui se trouvent au bord des vaisseaux de Marchands de Hollande, (tout directement contraire à la lettre du XIV. Article du Traité) ils les battent, les blessent avec leurs couteaux, les mettent aux fers, les privent de leurs habits, leur font souffrir faim, soif, nudité, & toute sorte de tourmens, & de mauvais traitemens insupportables, qui ont déja couté la vie à beaucoup, pour les forcer à de faux sermens, à signer des Cartes blanches, pour qu'aprés ils pussent y écrire des explications à leur gré, qui d'ordinaire sont dirigées à satisfaire le desir insatiable de ces écumeurs de mer.

Num. XXX. *Le vaisseau L'ETIENNE, Capitaine Jan Pooft venant de Bourdeaux, destiné pour Amsterdam eut à bord le 15. Sept. 1757. Lentre Bévelier & Viruly un Kotter Anglois, qui demanda 4. Guinées pour avoir ouvert les ponts, & ravit par force un tonneau de vin, la valeur des effets volés monte à* fl. 150.

Num. XXXI. *Le vaisseau le PÊCHEUR, Capitaine Lammert Tjallings venant de Bourdeaux, destiné pour Amsterdam, a rencontré le 19. Mars 1758. un Kotter Anglois, qui vint à bord, ouvrit les ponts, & ravit 2. Pieces de Brandevin, estimées* fl. 400.

à faire du butin; en cas que ces violences n'ont pas l'effet souhaité, ils tachent de corrompre les Pilotes par de l'argent ou fa valeur, fans que ces forfaits foyent examinés par les juges de la part de l'amirauté dans tous les endroits de la jurisdiction d'Angleterre, & punis, pour donner un exemple & de l'horreur aux autres; encore moins, qu'aucun vaiffeau foit jamais rélaché, dont l'equipage ou les paffagers ont fubis la torture, & les plus cruelles tirannies, comme il arrive journellement; ni abfout avec fa charge, de tout examen & démande ulterieure judiciaire ou non.

Outre les Preuves inconteftables de toutes les avantures & circonftances fusmentionnées, qui déja plus ou moins étendues, ont été mis fous les yeux de Vos Hautes Puiffances, & dont les nouvelles abondent, les fuppliants font prêts & en état de démontrer, d'éclaircir & de particularifer

Num. XXXII. *Le vaiffeau la* CONCORDE, *Capitaine* Doede Bankes, *venant de Rouen, deftiné pour* Amfterdam, *eut le* 15. *Mars* 1758, *près des Cingels un Capre à bord, qui ouvrit les ponts, tira* 6. *tonneaux de Ris fur le tillac, frappa les gens & enleva un ballot de Marchandife. Le* 16. *Mars il rencontra un autre Capre qui ravit de la toile à voiles, du beurre, brandevin, cordages &c. Tout ce qui a été volé eft eftimé à* fl. 2000.

C 3

ser dans des mémoires apart, s'il est demandé, accompagnées des Piéces justificatives, tous ces points généraux, par rapport à ce qui est arrivé aux vaisseaux & l'équipage où ils sont interressés, destinés pour les Indes Occidentales; ils ne s'en sont abstenus que pour éviter d'être diffus, & dans la persuasion que Vos Hautes Puissances sont déja abondamment instruites, que du coté de la Grande Bretagne on va à des extremités, tout comme s'il n'y avoit point de traité de marine entre elle & l'Etat, ni droit de gens, & si les fortes réprésentations de Vos Hautes Puissances pour ce sujet n'étoient que de pûres formalités, pas dignes d'attention. On en peut conclure assez distinctement, que les vues en sont, de détruire absolument le commerce & la Navigation des habitans, & avec eux, la force de cette République. On croioit y trouver un chemin dans l'obligation où sont les Négocians Hollandois par

---

Num. XXXIII. *Le vaisseau la* FELICITÉ *D'AMSTERDAM, Capitaine Anne Bortes venant de St. Malo & destiné pour Amsterdam, rencontra le 24. de Febr. 1758. près de Viruly un Câpre Anglois qui vint à lui, & prit 4. Fromages. Le même jour il vint un Câpre Anglois, qui avec des gens armés ouvrit les ponts, prit plusieurs Marchandises, du linge &c.: le tout estimé à*   *fl.* 1700.

par le traité: de souffrir la visitation, en toutes les Rencontres des Vaisseaux de guerre ou
armateurs Anglois, (qui apréfent font presqu'inévitables, soit qu'on parte ou qu'on re-
vienne) fans la moindre oppofition, contre des
Excès & forfaits, & fe laiffer mener comme
de brebis à la boucherie. Ils font d'une pire
condition que les vaiffeaux François, qui étant
en guerre ouverte avec l'Angleterre & confe-
quemment en droit de repouffer violence par
violence ont quelque fois l'occafion favorable
de répouffer ou même de vaincre leurs Agreffeurs.

Cependant les vaiffeaux Anglois jouiffent de
toute la liberté dans les Ports de cette République comme les habitans mêmes, avec cette Prérogative particuliere, d'introduire, fous un im-
pòt très modique grande quantité d'ouvrages
de leurs fabriques, avec d'autres Marchandifes
de tous les coins de la terre, au grand préjudice
des nos propres fabriques. Très peu de produits de ce Pais au contraire, font menés directement dans les Ports de la Grande Brétagne;

C 4   d'au-

Num. XXXIV. *Le vaiffeau* LA POMME
DE PIN, *Capitaine* Cornelis Oepkes, *venant
de Livourne, deftiné pour Amfterdam, à rencontré le* 13. *de Dec.* 1757. *un Capre Anglois
qui fit beaucoup de violences, prit deux barils
de vin & quelques effets du Capitaine, ce qui tout
enfemble eft eftimé à*   fl. 400.

d'autant moins on se seroit attendu à ces hostilités du çoté d'une Nation tant favorisée, qui
semble ne plus considerer, que selon le Droit
Public & privé, l'infraction des traités d'un
parti en dégage aussi l'autre, & qu'outre cela,
suivant la lettre de l'article XV. du traité, où
il est parlé des Prises sur les ennemis, la Partie
lezée, à son tour auroit satisfaction, ou du
moins, que les Souverains sous lesquels les supplians ont le bonheur de vivre, & qui de tout
tems ne se font pas moins distingués, par l'ob-
servation réligieuse de leurs obligations envers
d'au-

Num. XXXV. Le vaisseau les TROIS FRE-
RES, *Capitaine* Lincke Hielkes *venant de Bourdeaux, destiné pour Amsterdam, a rencontré le* 13. *Août*
1757. *un Capre Anglois, qui vint à bord, demanda un serment, pilla le vaisseau, & déro-
ba plusieurs choses.* Le 18. *Août un autre vint
à bord, exerça des violences, demanda des papiers, qu'on n'avoit point, ravit quelques papiers, du Savon &c. & quelques utenciles de
vaisseau.* Le 21. *d'Août il vint un* Kotter *à
lui, qui ouvrit les ponts, prit un tonneau de
Brandevin, une Caisse de Savon, quelques Pappiers &c. Après il en vint encore un à bord,
qui prit deux Caisses de Savon, du Pappier; & encore un* Kotter *avec des gens armés, qui ravit des
Cordages, frappa les gens &c.* Tous les Effets volès
sont estimés à   fl. 900.

d'autres Puiſſances, que par la Protection efficace de leurs ſujets contre toute force & outrage
par dehors, prendroient les moyens fondés dans
le Droit public de defendre les vaiſſeaux de la
République, contre les entrepriſes des Capres
Anglois, & de réparer la Perte immenſe deja
ſoufferte, ſi non en entier, du moins en partie.

Les ſupplians, quoique ils pourroient encore dire beaucoup ſur l'importance & les ſuites
dangereuſes des Choſes ſusdites, aiment pourtant mieux le paſſer ſous ſilence, par reſpect,
& ſe flatter de l'Eſperance que Vos Hautes
Puiſſances, ne laiſſeront pas de prendre les meſures néceſſaires pour y rémedier, & ſoutenir les
répreſentations faites en Angleterre depuis ſix
mois, ayant l'effet ſouhaité que nos vaiſſeaux
ſoyent rélachés, qu'on y tient arrêtés injuſte-
ment, & que Vos Hautes Puiſſances ſoyent aſ-
ſuré, que les habitans de la République ne ſont
plus troublés dans leur Navigation & Commerce; & ſi les moyens ordinaires n'ont pas juſqu'i-
ci produits cet effet, peut-être que par une
Dépu-

Num. XXXVI. *Le vaiſſeau le* JEUNE ABRA-
HAM, *Capitaine* Bauke Feykes *venant de Bourdeaux deſtiné pour Amſterdam, a rencontré le 24.
Nov. 1757. un Capre Anglois qui vint à bord,
entra dans le corps du navire, gata & enleva pluſieurs effets, du vin &c. dont la valeur eſt eſtimé
à*   C 5   *fl. 200.*

Députation expresse de son Corps, il seroit possible de parvenir à ce but & de prevenir des suites & des extremités encore plus desagréables, si on n'y remedie pas.

Nous avons donc récours à Vos Hautes Puissances, suppliant très-humblement, & avec instance: qu'il leur paise, de porter les plaintes publiques, sur les excessives infractions réiterées des Traités de Marine & de Paix, entre Sa Majesté Britannique & Vos Hautes Puissances, directement à Sa Majesté, en termes dignes de la Grandeur & de la Souveraineté de V. H. P. soit par une Deputation expresse, soit par l'entremise de leur Ministre Public à Londres, ou par quelque autre voye, telle que Vos Hautes Puissances selon leur sagesse le jugent de convénance; de prendre des moyens promts & effi-

---

Num. XXXVII. *Le vaisseau les* TROIS SOEURS, *Capitaine* Jelger Siebes *venant de Rouen, destiné pour* Amsterdam, *rencontra le* 15. *Aout* 1752. *près de Bevesier un Kotter Anglois, qui ouvrit les ponts, en prit un ballot de Linge; il revint à la charge & ouvrit les arrière ponts, & en prit plusieurs Marchandises & les enleva. Le* 16. *Aout il vint un autre Capre près de Douvre, qui le força à lui donner de l'argent, entra dans le fonds, & ravit plusieurs Marchandises. Tout ce que ces Capres ont volé est estimé à* fl. 4500.

efficaces, conformes au Droit de Gens, pour rendre la viguéur aux traités.

Nous fommes

REQUETTE DES MARCHANDS DE ROTTERDAM.

AUX HAUTS ET PUISSANS SEIGNEURS LES ETATS GE'NERAUX DES PRO-VINCES-UNIES.

FOnt connoitre refpectueufement les Marchands, & Affeurateurs de la Ville de Rotterdam foulignés, qu'avec une douleur extrême ils fe voyent contraints, pour prévenir leur totale ruine, d'avoir encore Récours à Vos H. P. implorant leur fécours & protection, pour détourner les violences, Pillages & Pirateries des Armateurs Anglois, de qui les infolences

---

Num. XXXVIII. *Le vaiffeau les* DEUX FRE-RES, *Capitaine Pierre Aukes, venant de* St. Malo *deftiné pour* Amsterdam, *a rencontré le* 13. *Juillet* 1757. *un vaiffeau de guerre Anglois, dont les gens vinrent à bord, ouvrirent les ponts, entrerent dans le fonds, enfoncerent les tonneaux & enleverent du Tabac. Le* 16. *Juillet il rencontra près de Bevefier un autre Capre, qui prit auffi du Tabac. Les effets volés font eftimés à* fl. 550.

lences vont ſi loin, d'aſſaillir nos vaiſſeaux ſans défence, de les depouiller, de ravir tout ce qu'ils trouvent à leur gré, de gater & de diſperſer le Reſte: ce qui ſe monte déja à une ſomme très conſidérable; pour ne rien dire des cruautés qu'ils exercent ſur les mariniers, qu'à peine en trouvera-t-on un exemple entre des Nations Chretiennes, & ſans que nos mariniers ſoyent en état de pouvoir s'oppoſer, empêchés par les traités, ſur leſquels les ſuppliants ſe ſont toujours appuyés, qui les obligent à régarder & traiter de tels Brigands en amis. Cependant cette Nation n'epargne pas les vaiſſeaux des habitans de la

Num. XXXIX. *Le vaiſſeau le* JEUNE SIET-SE, *Capitaine* Sietſe Piebes, *venant de* Bour-deaux *deſtiné pour Amſterdam, a été rencontré le* 19. *Juillet* 1857. *par un Capre Anglois près de Heyſant.   Le* 22. *Juillet il vint à bord un au-tre Capre qui ouvrit les ponts, & en prit par force un tonneau de Brandevin eſtimé à   fl.* 200.

Num. XL. *Le vaiſſeau* LE JEUNE KEMPE, *Capitaine* Jeltje *Rynties venant de* Bourdeaux *de-ſtiné pour* Amſterdam, *rencontra le* 1. *Juillet* 1757. *près de Heyrad un Capre Anglois, qui prit par force un baril de vin. Le* 5. *Juillet il ren-contra encore un Capre qui prit un tonneau de vin & une quantité de Brandevin. Deux autres en-core vinrent, entrerent dans la Cajute, & la pille-rent.   La valeur du tout eſt eſtimé à   fl.* 500.

la République, quoiqu'ils foyent pourvus des Documens néceffaires, foit qu'ils viennent de nos propres Colonies, ou qu'ils y aillent, ou à d'autres Contrées, où ils ont Droit & liberté en vertu des Traités de trafiquer; Les vaiffeaux Royaux auffi-bien que les Armateurs enlevent nos vaiffeaux, foit en Angleterre, en Irlande ou même dans les Domaines les plus éloignées de Sa Majefté Britannique; quelques-uns font abfolument rétenus, d'autres rélachés, mais à condition de payer des fraix exceffifs, que demandent les Subalternes & d'autres Tribunaux à leur gré, & fouvent avec Condemnation aux depens, même de leur partie. Toutes ces vexations & violences vont fi loin, que pourvu qu'on n'y pourvoie à tems, il en réfultera la Ruine irreparable de toute la navigation, qui eft la principale fource des Révenus du Païs,

la

Num. XLI. *Le vaiffeau la* TETE DE MORE *Capitaine* Klas Elkesz Boeff, *venant de* Majorque *deftiné pour* Amfterdam, *a rencontré le* 12. *Avril* 1758. *un Capre Anglois appellé* CAROLINA, *Capitaine* Thomas Janszen, *qui ufa de violences & enleva plufieurs Marchandifes: Le* 27. *Avril il rencontra un autre Capre qui ouvrit les ponts, prit une Caiffe de Savon, de la Soye &c. & toutes les épices, maltraita les gens, & vola plufieurs autres effets, qui tous enfemble font eftimés, à* fl. 1000.

la ruine des suppliants, avec un grand nombre d'habitans qui ont leur subsistance du Commerce, & de la Navigation; comme il y a encore beaucoup de tristes marques des depredations commises par les Anglois sur notre Commerce dans la derniere guerre, qui ont reduit quantité d'honnetes gens à la derniere misere. Ces vexations exercées depuis quelque tems ont dejà fait, qu'à peine on peut trouver d'Assurance dans le païs & ailleurs, quand on veut faire venir ou envoyer quelques Marchandises: Ce qui fera un grand derangement en cet Etat, où la Compagnie des Indes Orientales va vendre son épicerie, qui pour la plus grande partie s'achette pour être envoyées, cette Marchandise d'une grande valeur & en petit volume, étant expo-

Num. XLII. *Le Vaisseau le ZEEPOST, Capitaine* Chretien Maas, *venant d'Amsterdam destiné pour Lisbonne, rencontra le 30. Sept. 1757. près de Bevesier ou Capres Anglois, dont le premier qui vint à bord ouvrit les bancs & plusieurs Caisses. Le deuxieme prit quelques Effets dans un Coffre. Le troisieme ouvrit les ponts, plusieurs Caisses & ravit plusieurs Marchandises, notamment un paquet de linge. Sur le demarrage, Capre qui vint à bord se trouva Barron Vller de Bremen. Le dommage causé par les Capres est estimé, suivant qu'ils ont rué, etc.* fl. 2800.

sée aû Ravissement que les Anglois commettent tous les jours. Les Supplians donc se voyant dans la nécessité de le mettre pour la deuxième fois sous les yeux de V. H. P. ne doutent pas, qu'Elles ne prennent l'affaire en consideration comme elle la merite, & n'entre dans l'Idée avec les supplians, que ni Marchand ni Proprietaire des vaisseaux, ni mercier, ni Livrancier peut subsis-

---

Num. XLIII. *Le vaisseau la* JEUNE BARBARA, *Capitaine Eauwe Kerssies Prent, venant d'Amsterdam, destiné pour Lisbonne, a été rencontré le 5. Sept. 1757. entre Calais & Douvres par un Capre Anglois, qui lui fit violence & enleva quelques effets. Le 6. vinrent à bord deux autres, qui forcerent le Capitaine à donner de l'argent, ouvrirent les ponts, en prirent des marchandises, ménacerent les matelots, & chargerent leurs Bateaux de Marchandises volées & s'en allerent. La valeur des effets volés monte à* fl. 25000.

Num. XLIV. *Le vaisseau la* JEUNE ELISABETH *Capitaine* Job van der Hagen, *venant d'Amsterdam, destiné pour Nantes, a rencontré le 15. Sept. près de Douvres un Capre Anglois, qui vint à bord avec des gens armés, ouvrirent & briserent les tonneaux, ravit 3. Ballots de Poivre, un tonneau de Cloux de giroffles, une ballot & de balaine, frapperent les matelots &c. Les effets volés font la valeur de* fl. 5500.

fister, fi la méchanceté, l'avidité du butin, la violation des Traités les plus facrés d'une Nation, qui fe nomme nos fideles alliés, font foufferts & demeurent impunis.

Les fupplians fe flattent de l'efperance, que V. H. P. voudront bien mettre en œuvre ce qu'Elles jugent le plus efficace, fuivant leur Sageffe & leur Equité réconnue, pour faire ceffer & prévenir les maux fufmentionnés, ce qui ne fouffre pas le moindre délai.

Num. XLV. *Le vaiffeau le* PIERRE *&* HERMAN, *Capitaine* Anne Jansz *qui alloit d'Amfterdem à Rouen, a été volé par des Capres, qui gaterent plufieurs effets & enleverent deux Caiffes de Borax. Le dommage eft eftimé à* fl. 600.

MEMOIRES

POUR SERVIR 'A
L'HISTOIRE
DE NOTRE TEMS,

PAR-RAPPORT AUX DISSENTIONS PRE-
SENTES ENTRE LA GR. BRET. ET
LA REP. DES PROVINCES
UNIES.

(IV.)

REQUETE DES MARCHANDS DE LA
PARTIE SEPTENTRIONALE
DE HOLLANDE.

AUX SEIGNEURS ETATS GENERAUX
DES PROVINCES UNIES.

Ont très-humblement connoitre les
Marchands & Interessés dans le Commerce & la Navigation de ce Païs,
démeurant en Westfrise Partie Septentrionale,
que si les violences des Armateurs Anglois en
prenant les vaisseaux & Marchandises des suppliants, ne sont pas réprimés, leur Commerce
sera bientot ruiné de fond en comble.

Et comme les suppliants se sont toujours réjouis du bonheur de démeurer dans un Païs,
qui a sécoué le joug d'une domination étrangè-

D

re,

re, & qu'outre cela ils se flattent, que dans l'heureuse Constitution de la Régence d'àpresent leur liberté & leurs Possessions sont assurées, ils ont récours à V. H. Puis., demendant très-humblement Leur Protection & assistence, afin que les supplians, Sujets des Provinces-Unies ne soyent pas abandonnés dans leur commerce à l'insolence & à la Proie de leurs envieux, & que sous le Pavillon & pourvûs des Passeports & Certificats de l'Etat, ils ne soyent plus un objet de risée & de mepris des autres Nations.

RE-

Num. XLVI. *Le vaisseau* L'ELISABETH, *Capitaine* Jentje Hendriksz, *a été rencontré le 16. Octobr. 1717. près de Heyssant par un Capre Anglois, qui vint à bord, & vuida à demi un tonneau de Brandevin. Le 29. Octobre il rencontra un autre Capre, qui prit du Brandevin, du Sucre, des prunes, un baril de vin &c. Ces Effets volés sont estimés a* fl. 230.

Num. XLVII. *Le vaisseau* SARA MARIA, *Capitaine* Ary Prins, *venant de Charante, destiné pour Hambourg, a rencontré le 29. Mars un Capre Anglois, qui lui prit deux tonneaux d'eau. Le 6. Avril il rencontra encore deux Capres Anglois près de Bevesier, qui lui ravirent deux demi Pièces de Brandevin; ensuite deux autres Capres Anglois, qui prirent aussi deux demi pièces de Brandevin. Ces effets volés sont estimés à* fl. 500.

REQUÊTE DES MARCHANDS DANS LA PROVINCE DE FRISE:

A. L. H. P. LES SEIGNEURS ETATS GE-NERAUX DES PROVINCES UNIES.

FOnt connoitre avec le plus profond Reſpèt les ſousſignés Habitans de la Province de Friſe, Proprietaires, teneurs de livres de Vaiſ-ſeaux appartenans à la ditte Province, comme les violences & déprédations des vaiſſeaux de guerre & Armateurs Anglois envers les vaiſſe-aux & les Biens des ſujets de l'Etat ſont conti-nuels non ſeulement depuis quelque tems, mais auſſi augmentent de jour en jour, de ſorte, qu'il eſt à craindre: que ſi l'on n'y pourvoit pas bien-tot, le Commerce & la Navigation de ce Païs,

D 2

avec

Num. XLVIII. *Le vaiſſeau* LA CONCOR-DE, *Capitaine* Jacques Albrechts, *venant* d'Amſterdam *deſtiné pour* Bourdeaux, *a rencon-tré le* 28. *d'Avril* 1758. *près de Douvres deux Capres Anglois qui venant à bord entrerent dans le fonds, fouillerent tout & prirent un ballot de Marchandiſe. Le* 22. *Avril il vint à bord un Capre Anglois avec des gens armés, & le même jour encore un Capre avec des gens armés, qui entrerent dans le fonds, enleverent* 4. *Caiſſes de Canelle; enſuite il vint un autre Capre à bord, qui ravit du Poivre. Tout le volé eſt eſti-mé à*

fl. 5000.

avec une grande Partie des bons habitans ne
foyent abfolument ruinés, ce qui diminueroit
confiderablement les Révenus du Pais, & ex-
poferoit cette Province & l'Etat en general à
fa Ruine totale.   Les fuppliants n'ont garde d'en-
nuyer V. H. Puiffances en faifant un ample detail
de tous les Arrêts injuftes, des Prifes, Pillages,
& violences, que l'on a exercées depuis quelque tems fur les fujets de la Republique, des
cruautés, qu'on s'imagineroit à peine d'un ennemi déclaré, pour ne pas dire des fujets d'une
Puiffance, avec laquelle la Republique eft alliée
par les liens les plus forts d'amitié & de Traité.

La multitude des Plaintes qui viennent à Vos
Haut. Puiff. rendent inutile un ample regiftre
des Pillages.   Les fuppliaus fe flattent, qu'ils
ne feront pas de fi malheureux habitans de la
République de ne pas meriter dans ce qu'ils font,
la Protection de V. H. P.   Ils croyent au contraire, que parcequ'ils procurent d'importants
avan-

Num. XLIX. *Le vaiffeau* LA BONNE
ESPERANCE *Capitaine Guillaume Arendsz.
venant d'Amfterdam, deftiné pour Bourdeaux,
rencontra le 8. Juillet* 1757. *proche de Douvres
un Capre Anglois, qui lui a enlevé une Caiffe de
Canelle & encore deux autres Caiffes, avec plufieurs balles & ballots; il ouvrit plufieurs autres
Marchandifes, & exerça beaucoup de violences.
Les effets derobés font eftimés à* fl. 8000

avantages aux habitans de cette République, en rifquant une Partie de leurs Biens dans les perils de la mer, leurs Perfonnes & leurs entreprifes, font un objet particulier de l'attention de Vos H. Puiffances.

Les fupplians ne veulent pas étaler les avantages que le païs tire de la Conftruction & de l'equipement des vaiffeaux, il n'eft que trop connu à V. H. P. que c'eft le Commerce qui foutient ou qui peut faire perdre la République. Ils pourront fe difpenfer d'un ample récit fur cette matière, à d'autant plus forte raifon, que les annales contiennent un nombre confiderable de Requêtes bien étendues fur ce fujet. Les Supplians ne s'addreffent donc à V. H. P. que pour les prier très-humblement de vouloir enfin mettre en œuvre des moyens prompts & efficaces, pour protèger la navigation & le Commerce, comme felon leur Sageffe généralement louée, Elles les jugent les plus propres pour prévenir la Ruine totale de la République & d'une infinité de bons habitans.

Nous fommes &c.

Num. L. *Le vaiffeau le* JEUNE FEITSES, *Capitaine Hielke Feikes, venant de Nantes deftiné pour Hambourg, a rencontré le 21. Sept. 1757. proche des Cingles 2. Capres Anglois qui prirent une balle de Cotton, en comperent d'autres & pillerent. Les Marchandifes pillées & le Dommage fait aux autres eft eftimé a* fl. 800.

Pour mieux réuſſir dans leur démande, les Mar-
chands d'Amſterdam, outre les deux ſuppli-
ques ſuſmentionnées, à Leurs H. P., ont pre-
ſenté auſſi la Requette ſuivante à Leurs Nobles
& Gr. Puiſſ. Meſſ. les Etats de Hollande &
Weſtfriſe, pour les prier de les aider à obte-
nir une Reſolution efficace ſur leurs plaintes.

A LEURS NOBLES ET GR. PUIS. LES SEIGNEURS ETATS DE HOLLANDE.

FOnt très-humblement connoître les Marchands & intereſſés dans le Commerce &
la Navigation de ces Pais, demeurants dans la
ville d'Amſterdam :

Que, puiſque les violences, pillages & dépredations que les Capres & Armateurs Anglois
exercent ſur les Vaiſſeaux & les Biens des habitans de l'Etat, augmentent toujours, & parti-
cu-

Num. LI. *Le vaiſſeau* LA TORTUE, *Ca-*
pitaine Adrian Cornelis, *venant* d'Hamburg *de-*
ſtiné pour Bayonne *a rencontré le* 15. Sept. 1757.
proche de Beveſier *dans le Canal, un Capre An-*
glois, qui le contraignit à ouvrir les ponts, rom-
pit deux Caiſſes de linges, & enleva tout ce qui
étoit dedans, enſuite il ouvrit encore d'autres
Caiſſes dont il prit pluſieurs effets, & exerça
beaucoup de violences. Les effets volés ſont eſti-
més à   fl. 2200.

culierement regardent le commerce dans les Indes occidentales, où les fuppliants font confiderablement intereffés, ils fe font vus contraints d'avoir récours à Leurs Hautes Puiffances les Etats Généraux des Provinces Unies, par une Requete, dont les fuppliants prennent la liberté de joindre ici la Copie. Il Vous plaife Nobles & Gr. Puiffances d'y rémarquer, à quelle Extremité les Anglois ont deja pouffé la chofe, non obftant les Traités de Paix & de Marine avec l'Etat; & qu'il eft impoffible, que les chofes puiffent demeurer fur le pied comme elles font à prefent, fans que le Commerce & la Navigation de l'Etat en général & des fupplians en particulier, foit abfolument détruit; fujets de Vos Nobles & Gr. Puif., dont l'Illu-

D 4

ftre

Num. LII. *Le vaiffeau la* PATIENCE, *Capitaine* Pierre *Meyer venant de* Hambourg *deftiné pour* Bilbao, *a rencontré un Capre Anglois qui lui ravit plufieurs Pièces de Cotton d'une Caiffe &c. La valeur de ce qui a été volé eft de*

fl. 600.

Num. LIII. *Le vaiffeau* L'AMITIE', *Capitaine* Jacques Hendriks *venant d'*Amfterdam *deftiné pour* Cadix, *a rencontré plufieurs Capres Anglois, & entre autres un qui lui a enlevé un balot de* Mouffeline. *Ils ont tous exercé de grandes violences &c. Et le volé eft eftimé à*

fl. 3000.

ftre Affemblée a donné un monument pour tous les tems à venir, de leur bonté & leur protection paternelle par la réfolution du 11. de Novembre 1757., les fupplians ont cru devoir mettre directement les raifons de leurs plaintes fous les yeux de leurs légitimes & bons fuperieurs, étant convaincus, que le fupport de Vos Nob. & Gr. Puif. n'eft pas moins neceffaire pour effectuer une heureufe iffue de la fusdite Réquette.

Ils s'adreffent donc à Vos Nob. & Gr. Puiff. fuppliant très-humblement qu'Elles veuillent diriger l'affaire de forte que Leurs Haut. Puiff. prennent une Refolution prompte & vigoureufe fur la Requette des fuppliants, qui reponde à l'importance des chofes y remontrées, & à-l'attente de tous ceux qui ont fait en même tems des Inftances fur ce fujet.

Nous fommes &c.

Quel-

Num LIV. *Le vaiffeau la* DAME MARIE MAGDELEINE, *Capitaine* Jean Chretien Jacobs, *venant d'Amfterdam, deftiné pour St. Sebaftien a rencontré fur la hauteur des Cingles des Capres Anglois qui l'ont maltraité & pillé, & transporté dans leurs vaiffeaux plufieurs balots & tonneaux de Marchandife, maltraité les autres, & exercé grande violence. Les effets volés font eftimés à* fl. 2500.

Quelques détachemens de Troupes Françoiſes ayant empieté ſur le territoire de la République, dans le Baillage de Montfort proche de Stevenswaerd, comme auſſi près de Venlo, où des Sauves-Gardes ont été maltraitées par eux, Monſ. l'Ambaſſadeur L'Eſtevenon de Berkenrode s'en eſt plaint à Sa Majeſté le Roi de France, le 26. du Mois de Juin 1757, au nom de Leurs H. P. Sur ce mémoire le Marechal de BelleIsle Sécretaire d'Etat de la Cour de France a envoié une lettre à Mons. l'Abbé Bernis, qui l'a fait tenir à Mr. l'Ambaſſadeur: en quelle occaſion Monſ. l'Abbé fit connoitre à Mr. l'Ambaſſadeur: „ qu'il ne pou-„ voit pas marquer plus clairement les ſenti-„ mens du Roi touchant le Territoire & la ſatis-„ faction de Leurs Hautes Puiſſances, qu'en mon-„ trant à Mr. l'Ambaſſadeur la lettre addreſſée „ à lui Mr. l'Abbé, par Monſieur le Maréchal „ de Belle Isle, ſur le ſujet de la dite violation „ du Territoire de l'Etat; de ſorte que LeursH.P.
D 5 „ avoi-

Num. LV. *Le vaiſſeau* L'HIRONDELLE, *Capitaine* Paul Paulſen *venant de* St. Euſtache, *deſtiné pour* Amſterdam, *a rencontré le* 26. Sept. 1757. 3. *Capres Anglois, qui venoient à ſon bord; ouvrirent les ponts par force, briſerent un tonneau de Sucre, en prirent une Partie, & enleverent auſſi* 7. a 8. *balots de Caffé, & pluſieurs autres effets, eſtimés à*   *fl.* 900.

„ avoient une preuve evidente de la justice de
„ Sa Majesté & de son inclination constante,
„ de rendre service à la République dans les
„ ordres renouvellés que Sa Majesté avoit don-
„ né à ses Armées.

Pendant que la Republique obtenoit en France
prompte satisfaction sur la moindre infraction
de la Neutralité de les Anglois continnoient à ruiner
les Hollandois sur mer, sans que ces Negociants
pussent obtenir du secours de Mad. la Gouvernante, Princesse Roïale d'Angleterre, comme le te-
moigne ce qui suit.

Re-

Num. LVI. *Le vaisseau la* MARGERETHA,
*Capitaine Paul Jacobs, venant de St. Eustache,
destiné pour Amsterdam, a rencontré le* 27. *May*
1758. *dans le Canal deux Capres Anglois, qui
vinrent à son bord & exercérent des violences,
entrerent dans le fonds, brisérent, déchirérent,
& enfin prirent du Sucre. Le* 28. *May il vint un
autre Capre à bord, qui prit* 3. *Sacs de Caffé,
& pendant que celui ci y étoit encore il en vint un
autre qui prit* 4. *Sacs de Caffé. Les effets volés ensemble sont estimés à*   fl. 550.

Num. LVII. *Le vaisseau* St. CATHARINE,
Capitaine Pierre Haussen *venant d'Amsterdam
destiné pour Gene's & Livorne, a rencontré le* 26.
Octobr. 1757. *près de Bevesier un Capre Anglois,
qui envoya des gens armés à bord, qui se rendi-*
rent

Requette préfentée à S. A. R. par les Députés
des Marchands, pour Rédreffement des Pillages des Anglois par mer.

LEs Marchands de cette Province ayant l'honneur, pour la troifieme fois, d'être admis
à l'audience auprès de V. A. R. fe voyent contraints de répeter leurs plaintes fur les pertes
confiderables que les Anglois continuent de
leur caufer en leurs vaiffeaux & Marchandifes.
Les Députés prennent donc la liberté de rappeller à V. A. R., que lorfque leur Principaux dés
la prémiere audience auprès de V. A. R. répre-
fentoient les fortes Raifons de Plaintes, & qui
dépuis font accrues, à la totale ruine du Commerce de Hollande, il plaifoit à V. A. R. de
leur faire la gracieufe promeffe; de les appuyer
dans l'affemblée des Etats, & d'en faire rémon-
ftration à la Cour du Roi fon Pere, pourvû que
leurs plaintes fuffent fondées.   Que là-deffus,
ils ont auffi-tôt fait des Liftes exactes des vaiffe-

aux

---

rent maìtres du vaiffeau, qui exercerent de
grandes violences contre le Capitaine & l'equipage, ouvrirent les ponts par force, briferent &
dechirerent Caiffes, tonneaux & bales, enleverent ce que bon leur fembla, prirent entre autres 3. Canaffers Thée, une bale de Marchandife, 10. barils Brandevin & de genevre, 6.
tonneaux de beurre & plufieurs autres effets,
qui tous enfemble font eftimés à   fl. 2500.

aux qui ont été pris & menés dans les Ports de Mer d'Angleterre, ou dans les Colonies Angloises; ils ont présenté en même tems une specification des Effets à bord de differents vaisseaux pillés ou ruinés par les Anglois, & de leur valeur: le tout prouvé par des temoignages autentiques & incontestables.

Non contents d'avoir avec grand Respèt rémis ces incontestables preuves à Leurs H. P., & à V. A. R. principalement, les Marchands ont pris la liberté, de rémontrer par écrit & de bouche, de quelle consequence il est pour la République, de prendre des Mesures propres pour prévenir ces injustes dépredations & pour se faire rendre satisfaction du passé. Dans la deuxième audience qu'il a plu à V. A. R. de leur accorder, Elle reconnut, sur leurs Plaintes reitérées, que le dommage étoit beaucoup plus grand qu'Elle ne s'etoit imaginée. Dans sa surprise Elle ajouta ces paroles, qui marquoient son affection & sa bonté: que si les choses continuoient d'aller ce train, il en résulteroit la perte de la patrie, dont le salut lui ténoit si fort au cœur,

&

Num. LVIII. *Le vaisseau* LA HOLLANDE, *Capitaine* Leon Lakeman *venant de St. Eustache destiné pour* Amsterdam *a rencontré le* 14. *Mars* 1758. 3. *Capres Anglois qui vinrent à son bord, dont l'un ravit deux barres d'or du Coffre d'un passager de la valeur de* fl. 2200.

& qu'elle régardoit comme la sienne.   Que son prémier soin seroit de faire réparer la perte, & qu'Elle feroit ses efforts pour trouver des moyens convenables à l'honneur de la République & au bien des Marchands, qu'Elle appuyeroit en tout tems; Et qu'Elle démontreroit par des effets la sincerité de ses promesses.

Les députés à leur rétour firent Rélation à leurs principaux de leur Commission, étant tous réjouis & assurés , qu'ils verroient bientôt les affaires changer de face.   Mais leur joye & leur attente a changé dans la plus amère Douleur, de se voir dans la nécessité de molester une troisieme fois V. A. R. en présentant une liste de 70. vaisseaux, que les Anglois leur ont enlevé depuis ce tems, de la valeur de 13. Millions fl.   Ces vaisseaux ont été confisqués en partie dans les trois Royaumes, & en partie dans les Colonies Angloises & ailleurs, sous les plus

---

Num. LIX. *Le vaisseau la* POMME DE PIN, *Capitaine* Jan Doeksen *venant d'Amster-dam, destiné pour Bilbao, a rencontré proche Douvres le* 21. *Avril* 1758. 2. *Capres Anglois, qui vinrent à son bord armés, dans leur chaloupes, firent beaucoup de violence, se rendirent Maitre de tout, mirent en pieces tonneaux, balles &c., prirent tout ce qu'ils voulurent, & le transporterent dans leurs vaisseaux, entre autre deux balots de Canelle, le tout estimé à* fl. 4000.

plus frivoles prétextes, au mepris du Droit &
de la raison, ainsi que du contenu des traités
qui subsistent entre les deux nations. Cependant entendant qu'une négociation étoit sur le tapis avec le Ministre Anglois, ils se flattoient
d'obtenir réparation de leurs grandes pertes,
par cette voie; mais jusqu'ici aucun marchand
n'en a vu encore le moindre fruit.

On

Num. LX. *Le vaisseau la* DAME JEANNE *Capitaine* Jacques Knecht, *venant d'Amsterdam, destiné pour Marseille, rencontra le 20. Juin 1758. proche des Cingles un Capre Anglois & ensuite 3. autres qui l'attaquerent les armes à la main & se rendirent maitre du vaisseau, pousserent tous les gens dans la Cale où ils les enfermerent; enfin ils ouvrirent les ponts, se mirent à dérober, piller depuis 4. heures du matin jusqu'à 5. heures du soir; ils allerent & revinrent pour enlever les effets qui leur convenoient. Le vaisseau fut obligé de rétourner au Texel où étant arrivé & ayant examiné ce qui lui manquoit; on trouva volé 7. Caisses de Canelle, cinq bales de poivre, 9. bales de balaine, 4. Coffres & une Caisse d'habits, 2. Caisses de Tables, un balot de Thée, un baril de bierre, quantité d'utenciles pour les vaisseaux, & plusieurs autres effets enlevés, ou ruinés, qui tous sont estimés à* fl. 29000.

On voyoit avec douleur que l'esperance de protection, au lieu d'augmenter, diminuoit de jour en jour, & qu'il y avoit à craindre, que le mal allant toujours en croissant, ne vint au comble: Que plusieurs vaisseaux de guerre, de rétour de leurs voyages dans les ports de la République, y furent degarnis, & les gens congediés, sans qu'on fit mine, d'en mettre d'autres en Commission à leur place: Que les excès de l'autre coté montrent clairement, qu'on pense porter un Coup mortel au Commerce non seulement, mais à la Patrie en général: Que mille personnes riches & médiocres viennent en décadence, & qu'avec les principaux des Negocians en gros, un grand nombre de Marchands en détail ne pourront absolument plus éviter la ruine qui les ménace, à moins qu'on n'y trouve au plustôt des moyens: Que cette décadence fait cesser déja plusieurs fabriques, comme de soye, de sucre, de teinture &c. dont les maitres & les ouvriers sont oisifs.

Une grande partie des bons Bourgeois sont réduits déja à vivre aux dépens des Diaconies ou Eglises (Que déviendront-ils dans le cœur de l'hyver?) Le nombre de ces pauvres augmente journellement pendant que les révenus des Eglises diminuent & ne sont plus de beaucoup aussi considerables qu'elles étoient autrefois, parcequ'il est naturel, que chacun, prévoyant sa propre ruine, songe plustôt à sa propre conservation

vation qu'à foulager ceux qui méritent fa Compaffion. Les Marchands voyant ces malheurs d'un coté, & ayant en vuë de l'autre le Bien du Commerce & de la Patrie, ont jugé de leur devoir de répréfenter encore pour la troifieme fois à V. A. R. que fi ces griefs ne font pas levés bientot, il eft à apprehender, que les vaiffeaux qu'on attend de retour ne foyent enlevés comme les autres, & que l'impuiffance ne force les Marchands d'abandonner le négoce. C'eft pourquoi, affeurés de la bonté de V. A. R. ils viennent demander l'accompliffement de la promeffe, qu'il lui a plû de leur donner dans la deuxième Audience: Promeffe toute flatteufe pour eux, pleine de bonté & d'affection, & qui a tant occupé leurs efprits, qu'ils efperent d'en voir encore l'accompliffement. Ils fupplient donc V. A. R. de vouloir aider à trouver des mefures, pour fauver les Citoyens commerçans de cette République du malheur qui eft au comble, & de confiderer, qu'ils font expofés à leur entiere Ruine, fi on rétarde de leur rendre les vaiffeaux avec la charge. Ils fupplient enfin V. A. R. d'emploier fes bons offices, pour que la Nation Angloife les dédomage de leur perte immenfe, & qu'elle ceffe de leur en caufer de nouvelles, au peril de la ruine totale des Hollandois.

(V.)

MEMOIRES

POUR SERVIR 'A

L'HISTOIRE

DE NOTRE TEMS,

PAR-RAPPORT AUX DISSENTIONS PRE-
SENTES ENTRE LA GR. BRET. ET
LA REP. DES PROVINCES
UNIES.

(V.)

SUITE DES REQUETES DES MAR-CHANDS DE LA PARTIE SEPTEN-TRIONALE DE HOLLANDE.

LEs Marchands ne peuvent s'empêcher de réprésenter à V. A. R. le
vaste projèt que feu Son Altesse le
Prince d'Orange d'heureuse mémoire, Son Illustre
Epoux, s'étoit proposé d'executer si le Ciel Lui
avoit encore prolongé la vie: de mettre tout
en œuvre, pour faire fleurir dans ces Provinces
le Commerce mieux qu'à Hambourg. Ils prennent la liberté, de récommander avec grand
Respèt à V. A R. la liberté du commerce,
qui leur a tant couté dépuis plusieurs années;

ils

E

ils fe verroient en état de payer, fi, par la médiation de V. A. R., par fon affiftance & fa Protection, ils euffent le bonheur d'en jouir. Si au contraire ils ne l'obtiennent pas, les Marchands ofent affurer fur leur Parole d'honneur, qu'il en eft fait du Commerce de ces Provinces en general, & que non obftant leur amour pour la Patrie, ils ne font plus en état de payer la moindre charge. Les Marchands joignent à ces très-humbles fupplications les vœux les plus ardens pour la Profperité de l'Illuftre Maifon de V. A. R., fuppliants avec cela de vouloir défendre leurs Droits & leur liberté achetés fi cher, & de les maintenir contre tous ceux, qui cherchent la perte de la République.

La

Num. LXI. Le vaiffeau la Demoifelle MA-RIE COLLECTE Capitaine Thomas Giefeling, venant de Bayonne deftiné pour Amfterdam, eut à bord le 6. Nov. 1756. un Capre Anglois, qui lui difputa qu'il n'alloit pas à Amfterdam, mais en France, & le mena à Wymouth, où après les procedures faites, vaiffeau & charge furent relachés. Mais en fortant du port, il donna fur un fond & fut fort endomagé. Les fraix en Angleterre montent à 6. Guinées. 6. Schillings, & toute la perte enfemble à fl. 1500.

La Princeſſe a repondu dit-on en ces termes
à la Réquete preſentée à Elle par les Députés
des Marchands :

Qu'Elle ſavoit fort bien, d'avoir engagé ſa
Parole de ſoutenir l'intérêt préſent des
Marchands ; mais que ce n'etoit pas ſa faute que
les choſes n'avoient pas encore changées de
face.   Qu'elle étoit fort touchée du domage
important que le commerce avoit ſouffert, au
grand préjudice de la République.   Qu'Elle
réiteroit, que rien ne lui tenoit tant à Cœur
que le Bien de la Patrie, qu'Elle regardoit comme le ſien.   Qu'Elle avoit fait & faiſoit encore de fortes Inſtances à la Cour d'Angleterre,
& avoit ſujet de croire, qu'on y traiteroit
l'affaire à l'avantage de la République ; mais que
c'étoient des affaires qui dévoient être décidées
par le Parlement, vû qu'il s'agiſſoit Rédrès.
Qu'Elle prioit d'avoir patience encore 4 à 6.

E 2

Se-

Num. LXII. *Le vaiſſeau le jeune* BAREND,
Capitaine Jan Sioerds, *venant de* Bourdeaux, *de-*
ſtiné pour Hambourg, *a rencontré le* 22. *Août*
1757. *près de Douvres un Capre Anglois, qui*
entra par force dans le Creux, fit violence, &
prit un tonneau de Brandevin.   Un autre Capre
qui vint à bord, prit auſſi un tonneau de Brande-
vin, un baril de vin, & fit beaucoup de violence
& de deſordres.   La perte eſt eſtimée à fl. 500.

Semaines; & que si les choses ne changeoient pas en mieux pendant ce tems, on ne douteroit pas, que la Cour d'Angleterre ne les eut dupé: que cependant il y avoit lieu de n'en rien croire; & qu'Elle feroit rapport aux Marchands aussi-tôt qu'Elle auroit des nouvelles. De plus Elle a encore donné des asseurances dans les termes les plus forts, que le Bien de la République l'interessoit fort, d'où dépend le sien propre, celui de ses Enfans, & sa Gloire; Qu'Elle avoit donné les ordres pour le Convoy des vaisseaux à Curaçao, St. Eustache &c.; que ce Convoy reconduiroit ceux que s'y trouvent; Enfin, qu'Elle réiteroit la promesse, qu'Elle avoit faite deja deux fois aux Marchands: de metre tout en œuvre pour pourvoir à ces choses, esperant qu'elles seroient dans une meilleure situation, quand les Marchands viendroient à Elle une quatrieme fois. Que les Marchands pourroient s'assurer, qu'Elle tacheroit toujours de montrer qu'Elle consideroit le Bien du Commerce de la République comme son propre intérêt.

Ha-

Num. LXIII. *Le vaisseau les* DEUX FRE-RES, *Capitaine* George André *venant d'Amsterdam, destiné pour Rouen, passant le Canal, rencontra le* 1. *May* 1758. *entre Douvres & Calais deux Capres Anglois, qui l'obligerent à leur don-*

Harangue des Marchands à S. A. R. du 7. De-
cemb. 1758.

MADAME!

LEs Negocians des Villes & Places de cette
Province comprennent fort bien, qu'il ne
peut être qu'ennuieux & penible à V. A. Royale
d'être toujours entretenue des Plaintes, toutes
justes qu'elles puissent être, sur le procedé ir-
raisonable des vaisseaux de Guerre & Armateurs
Anglois, envers les vaisseaux appartenants aux
Marchands & sujets de cette République.

E 3   Né-

---

donner de l'Argent; mais non contents, ils ouvrirent les ponts, pillerent tout, ouvrirent bales,
Caisses & tonneaux, traitant de Coups, & tour-
mentant le Capitaine & les gens. Le meme soir
il en vint encore un troisieme, qui frappa le Capitaine, le depouilla de l'argent qu'il avoit en po-
che, enleva ce qui lui convenoit, & le força de lui
donner un billet, qu'il n'avoit rien volé. Le Nom
de ce Capre étoit John Graveling. Les Effets
enlevés, autant qu'on le peut savoir, consistent en
un tonneau verd de gris, un tonneau de jambons,
un balot, une Caisse de Cannes, avec plusieurs
autres effets; une Canne fut rompue à force de bât-
tre le Pilote. La valeur de tous les effets volés
est de   fl. 1500.

Néanmoins ils se voyent contraints à déman-
der encore très-humblement la Permission à V.
A. R. de répendre dévant Elle ces justes Plaintes
du fonds du cœur.

Ils protestent le plus serieusement, que
c'est malgré eux, contraints par la nécessité,
qu'ils reviennent la quatrième fois ; que hor-
mis leur propre Bien qu'ils envisagent, leur
Objèt est, & sera toujours celui de la République, & la Prosperité & la Gloire de l'illustre
Maison d'Orange.

Ils considerent bien, que, quand la République avec mille Concitoyens dévroient être ruinés sans resource, le Lustre & l'autorité de la
Régence de la République, à la tête de laquelle ils ont le bonheur de voir V. A. R., ne seroit pas non plus telle, qu'elle étoit auparavant,
lorsque la République formoit une Puissance,
& bien une Puissance maritime ; & qu'ils auroient

Num. LXIV. *Le vaisseau le* JEUNE ASSUE-
RUS, *Capitaine Kersje, Theunis Klyn, venant
d'Amsterdam, destiné pour* St. Malo, *rencontra le*
22. *May* 1757. *entre* Douvres *&* Calais *un Capre* Anglois, *qui ouvrit les ponts, vuida plusieurs
Caisses, l'obligea à lui donner de l'argent, enleva
un balot d'epiceries & deux fromages. Le* 22.
*May il vint un autre Capre à bord, qui ouvrit les
ponts, & enleva aussi* 2. *fromages. Le vole est
estimé à* fl. 1000.

roient la douleur, de voir prendre part au dé-chu & à la ruine générale de l'Etat, l'Illustre Maison de Vôtre A. R., liée à nôtre chère Patrie pour jamais, & par les liens les plus étroits.

Ils prennent donc de nouveau la liberté de répêter tous les sujets de plaintes qu'ils ont proposé déja si souvent, & même trois fois, de bouche, sans craindre que V. A. R. les prenne pour indiscrets, & par cette raison les ecouté avec prejugé.

Les Negociants témoignent donc à V. A. R., que les Circonstances dans le commerce, bien loin d'avoir changées en bien, depuis le peu de tems qu'ils eurent l'honneur de paroitre devant V. A. R., elles vont plûtot journellement de mal en pis.

Il a plu à V. A. R. de répondre si gracieusement aux instances des Marchands, & de témoigner;

E 4

Num. LXV. *Les* DEUX FRERES, *Capitaine Michel Bajoene, venant de Cadix pour Ostende, rencontra le 1. Août 1757. près des Cingles un Kotter Anglois, qui vint à bord, saisit le Capitaine, le chassa dans la Cajute, força par les armes les gens d'ouvrir les ponts, & enleva 4. Ceroenen Indigo, 2. tonneaux de Conchenille, ouvrit une Caisse de tableaux, & força l'equipage à transporter les Marchandises dans leurs Chaloupes. Les effets volés sont estimés à* fl. 7500.

gner: „ qu'Elle étoit bien inftruite & fort
„ touchée du grand domage que fouffroit le
„ Commerce; qu'Elle n'avoit rien plus à
„ cœur que le Bien de la Patrie (qu'il lui plait de
„ déclarer pour la fienne) du Bien de la quel-
„ le dépendoit le fien propre, celui de fes deux
„ Illuftres Enfans, & de toute fon Illuftre mai-
„ fon: qu'outre cela Elle faifoit de fortes In-
„ ftances à la Cour d'Angletetre, pour ce fu-
„ jet, & qu'Elle avoit lieu de croire, qu'on y
„ feroit Reflexion férieufe; mais que c'é-
„ toient des chofes appartenantes au Parlement,
„ qu'il falloit avoir patience pour cette raifon,
„ quatre ou cinq femaines; mais qu'Elle s'atten-
„ doit avec raifon d'avoir pendant ce tems,
„ quelque bonne Nouvelle de la part du Roi de
„ la Grande Bretagne, Son Pere.

Les

Num. LXVI. *Le vaiffeau* LA PAIX, *Capitaine* Cornelis Adriaansze *venant de* Briftol,
deftiné pour Oftende *a rencontré le* 12. *May*
1758. *proche des Cingles un Kotter Anglois, dont
les gens armés vinrent forcer les ponts, en prirent* 2. *tonneaux de Piment, en mirent en Pièces deux autres, avec plufieurs autres tonneaux,
& prirent encore d'autres effets. Il vint encore
un Capre, qui enleva deux tonneaux de Piment &
plufieurs autres Marchandifes. Le vol eft eftimé*
fl. 900.

Les Marchands très satisfaits du gracieux accueil que V. A. R. leur avoit fait, n'etoient pas peu affligés, de subir un délai de quatre à cinq semaines, parceque chaque jour, & même chaque heure, amene plus d'occasion à leur ruine. Mais penetrés des Protestations sinceres de V. A. R. ils ont acquiescé à ses propositions avec une humble obéissance, jusqu'à ce qu'il a plu à V. A. R. de mander quatre Marchands d'Amsterdam & deux de Rotterdam, à la Cour, pour leur communiquer quelque Nouvelle qui Lui étoit venue.

E 5

Ils

Num. LXVII. *Le vaisseau Capitaine* Sjoert Lieuwes *venant de* Rouen *destiné pour* Amsterdam*, eut le 7. Juin 1757. un Capre Anglois à bord, près de* Bevesier*, qui ouvrit les ponts, tira presque la moitié de la Carguaison sur le Tillac, ouvrit plusieurs Caisses & dechira des balles, en enleva quelques unes, & plusieurs autres effets, qu'il porta au bord du Capre; l'equipage, qui voulut s'opposer fut traité de Coups, sur tout le Pilote, qui fut frappé avec le sabre. A huit heures du soir il vint un autre Capre à bord, qui brisa, dechira les Tonneaux & les balles; ses gens s'ennivrerent & userent de grandes violences; on trouva après qu'ils furent partis, 18. balles de dechirés, trois ballots de denoués, 25. Caisses de verrerie fort endommagés, viande, vin & quantité d'autres effets dérobés, dont la valeur monte, à* fl. 6800.

Ils ne peuvent affez exprimer, quel étoit le defir dans ces deux villes, de voir rétourner ces Marchands, efperant qu'ils reviendroient munis de nouvelles pleinement confolantes & fatisfaifantes, qui mettroient fin à leur inquietude & à leur crainte; mais il fallut qu'ils viffent à leur extreme douleur, que l'evenement ne repondoit pas à leur attente.

Les

Num. LXVIII.. *Le vaiffeau le GERRIT & JAN JACQUES GALEY, Capitaine Jonas Nordberg, venant de St. Euftache deftiné pour Amfterdam, a rencontré le 13. Mars 1758. un Capre Anglois de 30. Canons, qui envoya des gens à bord du vaiffeau, qui entrerent dans le fonds, ouvrirent un tonneau de Sucre, en prirent le quart environ, comme auffi une partie d'un Sac de Caffé & d'un Sac de Cacao. Le 26. Mars il rencontra 2. Capres Anglois, dont deux Chaloupes vinrent à bord; leurs gens entrerent dans le fonds, prirent le tonneau de Sucre fusmentionné & s'en allerent. Le 27. Mars un autre Capre vint à bord, avec des gens, armés chacun d'une epée & 3. à 4. Piftolets, qui ouvrirent les ponts & en tirerent parforce au Tillac 12. Balles de Caffé, qu'ils penfoient enlever, mais à caufe de l'oppofition du Capitaine ils n'en purent enlever que deux; le volé eft eftimé à* fl. 150.

Les Marchands mandés étant retournés, se font hatés de donner part à leurs concitoyens de ce qui s'etoit passé.

Et pour ne rien oublier, ils ont lû dévant une nombreuse Assemblée de Marchands la Lettre de Monf. l'Envoïé Hop à Monf. le Greffier Fagel, du 17. Nov. à Londres.

Mais Madame! quel sujet de surprise! voiant leur esperance & leur attente vaines! lorsqu'ils consideroient le contenu de la dite Lettre, qui ne renferme que du délai & des conditions inacceptables;

Les

Num. LXIX. *Le vaisseau la* DAME CLASINA, *Capitaine* Pierre Swart *venant de Sta. Crux, destiné pour Amsterdam, a rencontré le 23. Fevr. 1758. proche Bevesier, cinq Capres Anglois, qui vinrent à bord, se rendirent Maitres du vaisseau, visiterent les pappiers, ouvrirent les ponts, & plusieurs balles & tonneaux, qu'ils tirerent au Tillac & laisserent à la pluie quelques Marchandises: Ils traiterent de coups le Capitaine & exercerent d'autres violences. Après qu'ils furent partis, il manqua une Piece de bois de teinture, un Paquet de Marchandise, une balle de Corduan, quelques peaux de boucs d'emportés ou jettés sur bord, un tonneau d'huile percé, une caisse de Dattes de pin, de Raisins &c., de la valeur* fl. 900.

Les Marchands l'ayant difcutée, elle fe réduit à ces trois Points:

Premièrement une difcution du traité de Marine de l'an 1674.

En fecond lieu, un Projet pour redreffer les Abus, par rapport à l'enlevement de nos vaiffeaux, & les Procès judiciaires qu'on forme fur leur fujet.

Et en troifieme lieu, un changement de l'Acte de l'an 1756. touchant les Prifes, en ce qu'il donne lieu à des vexations.

Pour ce qui eft au premier point, les Marchands ont vu avec une joïe extreme, que Monf. Pitt & d'autres Meffieurs du Miniftère étoient

---

Num. LXX. *Le vaiffeau la* DAME GEORGINE JOSINE: *Capitaine* Jean Stark, *venant* d'Alicante *deftiné pour* Amfterdam, *eut le 27. Avril 1758. près Douvre un Capre Anglois à bord, qui prit par force un tonneau de poudre, 7. fufils, 6. epées, un couteau de chaffe, plufieurs fortes de chofes, qu'ils porterent au bord du Capre, couperent une balle d'amandes & en emporterent une partie. Le 6. May il vint une Chaloupe de Douvres à bord, qui ravit un tonneau de beurre, une bale & quelques Pièces de toile à voiles, des Cordages neufs, ils couperent une balle d'Amandes, dont ils prirent une partie, enclouerent les Canons. Tout le domage caufé avec les effets volés eft eftimé à* fl. 400

étoient portés à donner fatisfaction à L. H. P.
autant que les plaintes de leurs fujets étoient
bien fondées; mais en même tems on doit
foupçonner & craindre, que le Miniftère
d'Angleterre, n'ait pas envie d'admettre beaucoup de plaintes des fujets de cette République,
comme bien fondées, parcequ'on connoit par
experience, quels font les fentiments en général par toute l'Angleterre, à l'égard des
vaiffeaux qu'on a pris, apartenants aux Hollandois.

De plus, il paroit, qu'on ne veut donner
cette fatisfaction à L. H. P. qu'à condition de
deux ou peut-être plufieurs points, que L. H.
P. doivent accorder à l'Angleterre, touchant le
traficq & la Navigation aux Isles Françoifes.

L'autre regarde le transport de Materiaux pour
la Conftruction de vaiffeaux en France.

Les Marchands ne peuvent s'empêcher
de s'arreter un peu à ces Points, parceque pour
ce qui eft au premier, il y va de leur honneur,

com-

Num. LXXI. *Le vaiffeau* PRINCE GUIL-
LAUME LE IV. *Capitaine Dirk Tietjes*, *venant de* Cette & Marfeille, *deftiné pour* Amfter-
pam, *eut le* 16. *Juillet* 2. *Capres Anglois à bord,
qui le traiterent fort mal, fouillerent tout, &
enleverent quelques Caiffes &c. Le dommage eft
eftimé à* fl. 200.

comme dans tous les deux, du bien du Commerce de la République.

Monf. Pitt ayant pofé hardiment & dit à Mr. l'Envoyé Hop, que la Navigation & le traficq aux Isles Françoifes, fe faifoit pour le Compte des François, quoique fous des Noms fuppofés: Ces Paroles renferment, que tous les Certificats jurés, qui prouvent que les vaiffeaux & la Marchandife deftinée aux dites Isles appartiennent aux Hollandois, feroient faux & inventés; & que les Marchands intereffés dans le Commerce, préferoient le gain à leur bonheur eternel, & qu'ils avoient juré la perte éternelle de leurs ames. Qui eft ce qui ne foit éffraié de la penfée feulement de telles horreurs, fans parler d'en vouloir noircir toute une Nation!

C'eft cependant ce que fait Mr. Pitt. Les Marchands ne peuvent pas affez marquer leur reffentiment fur une accufation fi outrageante. Ils s'affurent, que V. A. R. felon fon Equité ordinaire,

---

Num. LXXII. Le vaiffeau FORTUNA *Capitaine Nicolas Flor venant de Marfeille deftiné pour Amfterdam a rencontré le* 18. *Fevr.* 1757. *proche Viruly, 2. Capres, qui vinrent à bord & agirent en voleurs, couperent les Paquets & les balles dans la Cajute & dans le fonds, briferent plufieurs caiffes & paquets, enleverent ce qu'ils voulurent, frapperent les gens d'epees nues &c. Le dommage eft eftimé à* fl. 800.

naire, jugera mieux des Habitans de Hollande, que de croire fondés les suppositions de Mr.
Pitt, ou le Commerce en général souillé d'un tel
blame.

Quoique la Navigation & le Commerce aux
dites Isles soit jugé legitime & permis des
Souverains mêmes de ce Païs; les Marchands
sont bien éloignés, de prétendre qu'il soit sou-
tenu par force. Ils ne sont que trop persuadés,
que ce n'est pas l'intérêt de la Republique, de
desobliger une Puissance voisine, pour une
branche de Commerce, dont ils n'osent jouir
seurement en tems de paix; mais ils sont sur-
pris de voir qu'en Angleterre on s'est formé un
systè-

Num. LXXIII. *Le vaisseau la* JEUNE CA-
THARINE, *Capitaine* Wigle Tiebbes Swart
destiné d'Amsterdam à St. Sebastien, *eut le* 20.
Avril 1757. *proche Douvres une Chaloupe de*
pêcheurs à bord avec 9. *hommes, qui les epées*
nues à la main entrerent dans le fonds, couperent
des balles de Cacao, & autres, briserent les ton-
neaux, & en prirent plusieurs Marchandises qu'ils
enleverent. Le Capitaine les menaça de voiler
à Douvres pour s'en plaindre; mais ils le mena-
cerent de le tuer. Le même jour, il eut encore
une autre chaloupe à bord avec 12. *hommes, qui*
entrerent tous dans le fonds, ravirent des pièces de
toiles &c. & les transporterent dans leur bateau,

Le

ſyſteme de convenance de noûs empêcher de
tranſporter les Marchandiſes, qui, comme les
Anglois réconnoiſſent bien eux-mêmes, nous
ſont permiſes ſuivant le 4. Article du traité de
l'an 1674., de tranſporter dans nos vaiſſeaux
par tout & en tous les endroits, à la reſerve
des Places Françoiſes aſſiegées, bloquées ou in-
veſties.

---

*Le Capre eſt appellé la Proſperité ſuivant le diré
d'un Danziquois qui s'y trouva, le Capitaine
John Johnſon. A peine le vaiſſeau étoit-il a-
vancé une mile, qu'un autre Capre vint à bord,
dont les gens armés d'epées & de piſtolets forcerent
les ponts avec des haches, en tirerent pluſieurs
paquets de Linge &c., les tranſporterent dans
leur bateau & partirent. A minuit, il vint
encore un autre, qui entra parforce dans le fonds
& retourna ſans qu'on ſache ce qu'il a emporté.
Le 21. May encore un autre, & ainſi juſqu'au
27. ce vaiſſeau fut attaqué & pillé dans le Canal
par 7. Capres Anglois differens : ce qu'ils
ont volés monte à   fl. 8000.*

(VI.)

MEMOIRES

POUR SERVIR 'A

L'HISTOIRE

DE NOTRE TEMS,

PAR-RAPPORT AUX DISSENTIONS PRE-SENTES ENTRE LA GR. BRET. ET LA REP. DES PROVINCES UNIES.

(VI.)

SUITE DES REQUETES DES MAR-CHANDS DE LA PARTIE SEPTEN-TRIONALE DE HOLLANDE.

ON le fait, le Commerce & la Navigation des sujets de la République sur la Mer Baltique & dans toute la Moscovie est presque tout detruit. Car qui voudra faire venir des Marchandises, s'il ne fait où les transporter? S'il l'on joint à cela le Cabottage, c'est à dire le transport d'une Place Françoise à l'autre, où la Navigation de Frise est fort interessée, & auquel les Anglois se sont tant opposés durant cette guerre; il paroit aux Marchands que le reste des Articles du Traité de 1674. ne vaut pas la peine d'en avoir quelque obligation

F
aux

aux Anglois; parçeque de cette manière, l'essentiel du traité est annéanti, outre qu'aucune autre Puissance n'auroit raison de nous accorder quelques avantages preferablement à d'autres Nations.

Le deuxieme point de la Lettre mentionnée nous flatte d'un Rédressement des abus, en ce que les vaisseaux de Guerre & Armateurs Anglois ont enlevé de nos vaisseaux, pourvû qu'abus y avoit.

Les Marchands n'osent se flatter que cela soit l'intention droite du Ministère d'Angleterre : Ils trouvent, qu'on leur fait journellement de nouvelles

SUITE DE LA LISTE I. DES DE'PRE-DATIONS ANGLOISES.

Num. LXXIV. *Le vaisseau* LE SOUHAIT ACCOMPLI, *Capitaine Gerard Piers venant d'Amsterdam destiné pour Couracao rencontra le 24. Avril 1757. proche Calais un Capre Anglois; les gens vinrent à bord armés de pistolets & d'épées, se rendirent maitre du vaisseau, forcerent le Capitaine de donner 6. Guinées, prirent les armes à la main quelques Marchandises, qu'ils rendirent après. Le 26. Avril il eut 7. Kotters dans la vûe, dont 2. vinrent à lui, forcerent le Capitaine à donner de l'argent, & se mirent à piller; ils tirerent aux cordages du* vais-

velles difficultés & chicanes, & qu'on ne
cherche qu'à embrouiller les choses au plus haut
degré. Qui ne reconnoit d'abord l'impossibi-
lité de distinguer les Marchandises, qui ont été
embarquées sur la Rade de l'Isle St. Eustache,
de la terre, ou d'une barque ? qui est ce qui
puisse distinguer cela ? Ni Pilote ni Matelot,
& encore moins un Marchand est ca-
pable de se declarer ni pour ni contre. Et après
tout, à quoi pourroit servir tout cela ? les
Marchandises ayant changées de Maitre, soit

F 2

qu'el-

vaisseau, frapperent & maltraiterent l'equipage,
en blesserent quelques - uns, entre autres le Char-
pentier, enclouerent tous les Canons jusqu'à 2.,
prirent beaucoup de poudre & d'armes du vais-
seau aussi-bien que de la Compagnie des Indes
Orientales, ils jetterent sur le bord les Effets qui
ne leur convenoient pas, ils chargerent leurs ba-
teaux d'Indiennes, de linge fine &c. casserent &
briserent plusieurs Caisses, tonneaux de viande &
de Vin, détruisirent tout ce qu'ils trouverent,
mirent le Pistolet à la Poitrine du Capitaine &
du Pilote pour les forcer à signer un écrit, qui
les déclaroit innocens, & qu'ils n'avoient rien
derobé; ils les menacerent par des sermens terri-
bles de les tuer, s'ils ne vouloient pas signer. En-
fin ils l'ont quitté. Le dommage causé par les
voleurs au vaisseau & la charge est taxé à
fl. 20000.

qu'elles ſoyent chargées d'une Rade ou d'une
Barque, y aiant eu achat & vente entre les deux
parties. L'embarquement ne s'eſt pas fait en
pleine mer, mais à une Rade, ſous l'atteinte
des Canons d'un fort.   Et en tout où il y a eu
achat & vente, & conſequemment changement
de Maitre, le traité permet aux Hollandois de
transporter des Marchandiſes ennemies.   Il ne
faut donc pas de grandes ſpéculations, pour
trouver d'abord le grand tort que l'on nous fait,
& les abus qui ne ſauroient être redreſſés trop
tot, ſi on vouloit nous rendre juſtice,   mais
c'eſt

Num. LXXV. *Le vaiſſeau* BINKHORST,
*Capitaine Jean Pietersz. venant de Rotterdam de-
ſtiné pour Faro, rencontra le 4. Sept. 1757. proche du Promontoire un Capre Anglois, qui envoya des gens à bord, qui ravirent 7. Caiſſes,
2. tonneaux de poudre & un tonneau de Brandevin; le 5. Sept. il eut un autre Capre à bord,
qui prit par force 14. tonneaux 2. balles & un
Paquet de Marchandiſe, il ouvrit un Paquet de
linge & en prit quelques pièces.   Le 12. il vint
un & le 13. deux autres Capres qui volerent 26.
Caiſſes de merlue, de cordages &c.   Le 15. Sept.
il eut encore un Capre qui prit 12. Caiſſes & 6,
tonneaux de Poudre &c., pourquoi il paya une
Pièce d'or de 6400. Rées.   Ce dernier Capre étoit
un François.   Les effets volés de ce vaiſſeau ſont
eſtimés à*   fl. 900.

c'est, il semble, à quoi on pense le moins en Angleterre.

Car, si cela étoit, on auroit réconnu il y a long-tems, l'absurdité de cette Periode dans le *Prys-Acte*, qui approprie les Prises aux Prenneurs; ou l'explication absurde qu'on s'etudie tant de lui donner. C'est le troisieme point compris dans la lettre en question.

Quoique ce soit une affaire civile en Angleterre, elle ne laisse pas d'interesser toutes les Puissances; parcequ'elle donne aux vaisseaux de guerre & armateurs une licence qui ajoute aux vexations & à la ruine du Commerce des Etats neutres.

Le dit Acte approprie les Prises aux mariniers qui les ont faits. Mais s'imagineroit-on que cela se pourroit entendre d'autres Prises

F 3

que

Num. LXXVI. *Declaration du vaisseau* MARGARITHA *Capitaine* Asmus Brunet, *qui venant de Rotterdam destiné pour* Faro *a rencontré le 4. Sept.* 1757. *deux Capres, qui lui ravirent plusieurs choses; entre autres 4. tonneaux de poudre, & une rame de Papier; après deux autres Capres, qui prirent par force 2. tonneaux de poudre & quelques autres effets. Le 5. un autre prit 30. tonneaux de poudre, 2. fusils, epées &c. Le 13. & le 15. encore d'autres qui tous deroberent. Le volé est estimé à 700. fl. & en utensiles de vaisseau 200.* fl. 900.

que de celles faites fur l'ennemi: on ne le fauroit entendre des vaiffeaux qui navigent conformement à un traité fait avec toute folemnité, avec cette couronne; à moins qu'on pofe, que les loix du Royaume l'emportent fur les Traités.

Mais quel Etat enfin pourroit faire des Traités & des Alliances? Ne vaudroit-il pas beaucoup mieux, de n'en avoir point, & de chercher fa feureté dans un nombre fuffifant de vaiffeaux de guerre, pour proteger & foutenir le Commerce floriffant, au lieu de perdre des fommes innombrables par de pareils moyens & d'autres malicieufes interpretations des Traités.

De plus, fi le dit Acte a été fait pour encourager les mariniers à faire domage à l'ennemi, il ne régarde pas les amis; il n'eft donc pas befoin d'y faire quelque changement, ce n'eft qu'un frivole prétexte, pour trainer l'affaire,

que

Num. LXXVII. *Le vaiffeau la Dame GE-ZINA, Capitaine Erdman Nicolas venant d'Amfterdam, deftiné pour Gibraltar & Mallaga, a rencontré le 16. Avril 1757. proche le Promontoire de Sud 2. Capres Anglois, qui envoyerent des gens à bord qui extorquerent de l'argent du Capitaine, entrerent dans le fonds, ouvrirent plufieurs Caiffes & tonneaux, & raviyent du Cotton & autres effets, dont la valeur eft de* fl. 500.

que de dire qu'il faudroit pour cela un changement dans le Parlement.

Mais quoiqu'il en foit, il n'eſt pas befoin
d'autre preuve qu'on ne cherche qu'un délai,
que les propres Paroles de Mr. Pitt, dans ſa lettre à Mr l'Envoyé Hop : „ qu'à cauſe de la
„ multitude des affaires il s'écouleroit encore
„ bien du tems, avant qu'on put regler celle-
„ ci & l'arranger pour être portée devant le Roi.
Et après avoir difcuté tous les points, ce Monf.
répéte encore une fois ; que pour appointer tout
cela il faudroit du travail & du tems.

V. A. R. reconnoitra donc clairement, qu'il
faudra ajouter encore un efpace de tems bien long
indererminé, à ce delai qu'il nous a fallu fubir,
depuis le Mois de May, fans que nous ayons

F 4

quel-

Num. LXXVIII. *Le vaiſſeau le* CHEVAL-
LIER DE MER *Capitaine Cornelis Jansz venant de Wybourg, chargé de planchage
pour le Compte des proprictaires, deſtiné pour Cadix, a rencontré le 7. Août 1757. proche Douvres
pluſieurs Capres Anglois, dont l'un vint à lui, demandant au Capitaine de vouloir lui permettre
de venir à bord avec 2. ou 3. hommes ſeulement;
il fut accordé: il entra avec deux hommes, & l'un
d'eux entra dans la Cajute: le Capitaine le re-
çût poliment; Mais cet hote Capre mit un Pi-
let à la poitrine du Capitaine, qui ſe ſauva au*

Til-

quelque reponse, pour ne pas dire une satisfaisante.

Que deviendra cependant le Commerce &
la Navigation, dans le tems à venir? D'abord, bonnes Paroles sur bonnes Paroles, après
delai sur delai, & enfin des Conventions propo-
sées, & des pretentions auxquelles il est im-
possible aux Marchands de satisfaire, & qui
ne sont point du tout acceptables pour le Commerce en général.

Les Marchands ont l'œil sur cette difference,
qu'on veut faire en Angleterre, à l'egard des
Marchandises embarquées des Barques ou du
Païs; & sur leur Commerce & la Navigation,
sur la Mer Baltique, & dans toute la Russie, que
l'on

Tillac; cependant approcha une autre Chalou-
pe, dont les gens entrerent dans le vaisseau le Sabre
à la main & s'en rendirent maitres; Ils maltrai-
terent fort l'equipage, de sorte que le Capitaine de-
meura hors d'état de se remuer. Le Capre est
appellé LE ROYAL GEORGE, *Capitaine*
Thomas Fitch; il mena le vaisseau à Douvres,
où ne pouvant pas entrer, il fut mené aux
Dunes, où il a beaucoup souffert. On l'arrêta
5. Mois en Angleterre, & le Capitaine fut con-
damné aux fraix pour soi même & pour le Ca-
pre. Le dommage, la plus part de la charge é-
tant gaté par cet arrêt, est estimé tout au moins
à fl. 20000.

l'on veut ruiner; & sur le transport, d'une Place Françoise à l'autre. Car si les Anglois vouloient poursuivre ainsi dans ces deux grands objets, les sept Provinces ne peuvent plus-long-tems demeurer neutres, elles sont embrouillées dans la guerre, leur Commerce & leur Navigation sont ruinés. Que c'est là leur dessein, cela se fait assez connoitre par l'experience journaliere, quoiqu'on n'ait que sucre & miel dans la bouche.

Qu'on ne se flatte pas, qu'il vaudroit mieux que l'Etat entrât aveuglement dans toutes les mesures de l'Angleterre, car l'histoire des tems passés apprend, qu'alors même que l'Etat étoit allié le plus étroitement avec l'Angleterre, les vaisseaux des sujets de la République étoient traités de la même manière; & que pendant que nos troupes assistoient le Royaume d'Angleterre & tous les Bretons bien intentionnés, pour supprimer la dernière & fort dangereuse Rebellion,

F 5

Num. LXXIX. *Procedures touchant le vaisseau la* PATIENCE. *Le Capitaine,* Jan Blom, *venant de* St. Eustache *destiné pour Amsterdam fut attaqué le* 23. Mars 1757. *sur la hauteur de Bermudes par un Capre Anglois, sous le Pavillon François; vint à bord du vaisseau le Lieutenant appellé* Crawley *avec plusieurs gens, qui transporterent l'équipage du vaisseau la* PATIENCE

lion, le domage que les Anglois ont fait à nôtre navigation & notre commerce est estimé à
dix millions.

V.A.R. ne desagréera donc pas, que les Marchands pressés par toutes ces Raisons & poussés
à l'extrémité ont encore une fois recours à Elle,
reitérants leur très-humble démande, avec les
Instances les plus respectueuses, qu'il plaise à
V. A. R. de les secourir dans leur pressant be-
soin.

Permettez Madame, qu'ils se donnent la liberté de proposer à Vôtre A. R. les deux moyens
qu'ils jugent indispensablement nécessaires pour
te soutien du Commerce.

Savoir: de mettre tout en œuvre, pour obtenir de l'Angleterre le Relachement d'un si
grand trésor, qu'on nous y retient contre droit
& raison.

Et

CE *au bord du Capre, le traiterent fort mal,
donnant la torture aux gens, leur serrant de-
menottes les pouces, & les parties honteuses,
& après les mirent presque tout à nud. Le
vaisseau Capre est appellé MUSQUITO Capitaine
Math. Pinel. Le vaisseau fut mené à Hallifax,
où on se plaignit aux juges de ces forfaits & cruautés; Le Capitaine Pinel & le Lieutenant Crawley
n'eurent d'autre punition par sentence, que de rendre le valé & de donner une fort petite recompen-*

ce

Et le Confentement à une fuffifante Protection de la Navigation par tout le monde. Ces
font les deux chofes, que les Marchands jugent,
avec permiffion, de la dernière néceffité d'être
executées au plus-tôt, pour recouvrer l'important tréfor de nôtre Marchandife, qui eft arreté en Angleterre & qui s'amaffe de jour en jour.
Par ce moyen, on préviendroit à l'aide de Dieu,
la ruine de tant de braves & d'honnettes gens,
les Pilliers du Commerce, à qui leur honneur eft
plus cher que la vie.   Il s'enfuivroit immediatement de leur chute la ruine des ouvriers, des ar-
tifans & des Manufactures, & puis entre les
moins aifés, la famine & la plus grande mifére
durant l'hiver prochain.

Les prémieres preuves n'en font pas encore
venues jufqu'à la Cour de Vôtre A. R. mais nous
autres nous l'eprouvons déja: que deviendrons
nous dans la fuite? croyez Mad. le danger eft urgent,

la

---

ce aux perfonnes tourmentées.   A l'egard du
vaiffeau on a procedé de la maniere fuivante:
On pretendit que le vaiffeau étoit chargé d'effets
appartenans aux fujets du Roi de France, on le
dechargea, & la charge ayant été examiné, le
juge a prononcé la fentence, par laquelle, quoiqu'il conftât que le vaiffeau étoit Hollandois,
& qu'il étoit deftiné directement de St. Euftache
pour Amfterdam, 15. balles de Caffé furent dé-

clarés

la Calamité augmente toujours, & dans peu nous ferons reduits dans un état à ne pouvoir plus affifter les pauvres, malgré l'envie que nous en ayons.

Auffi important & neceffaire qu'il eft pour le Commerce, que ce premier point ait une bonne iffue, l'autre point ne l'eft pas moins: favoir, de lui accorder une fuffifante protection par tout le monde.

Il faut des vaiffeaux de guerre Madame! pour protéger nôtre Commerce, & pour ne voir pas le Païs ruiné de fond en comble. La République fe pourra alors appuyer fur fa propre force, en cas que les belles Paroles & les faits ne répondroient pas à notre attente; nous pourrons alors nous aider nous mêmes, & ferons en état de vanger la Perte foufferte, fi même tout ce que nous avons en Angleterre feroit perdu.

Agréez

---

clarés être pour le Compte François; 18. Balles de Caffé & 18. tonneaux de Sucre fembloient fufpects d'être pour le Compte Francois, quoique les Papiers montraffent qu'ils étoient pour le Compte de Mr. Klok à Amfterdam: les 15. balles de Caffé furent déclarées pour de bonnes prifes, parcequ'elles paroiffoient au juge d'être pour le Compte François; les 18. tonneaux de Sucre & 18. tonneaux de Caffé furent relachés après

avoir

Agréez donc Madame, d'accorder aux Marchands, & à tous ceux qui gagnent leur vie en Marchands, qu'ils soient mis en état de faire leur navigation & Commerce en seureté, sous la Protection des vaisseaux de guerre. V. A. R. étant à la tête des affaires de la République, Elle ne veuille pas derechef nous renvoyer à d'autres. C'est d'Elle qu'il dépend de nous secourir, il ne lui coutera que quelques paroles, de faire résoudre l'équipage formidable, qui est si necessaire. Ceux qui demandent une augmentation ne penseront pas à s'y opposer; & on peut s'assurer, qu'il n'y a personne de la Haute Regence, qui ne reconnoisse la nécessité de la Protection de la Marine.

Qui

---

avoir été taxé, & demandé caution de la valeur; mais comme on ne pouvoit pas donner la caution, ils furent aussi declarés pour de bonnes prises.

Il se trouve dans ces procedures tant de singularités & d'injustices, directement contre le Traité, qu'elles meritent doublement d'être lues avec attention.

Le vaisseau est demeuré arreté durant 4. mois, & obligé à de grandes depenses.

Les 18. tonneaux de Sucré & 18. de Caffée ont la valeur de   fl. 6000:
Les 15. balles de Caffée   1000:
Les fraix causés montent à   4500:

fl. 11500:

Qui des Marchands devroit se mêler de ces affaires d'Etat? qui d'entre eux oseroit decider si l'augmentation des trouppes par terre est aussi necessaire, qu'ils sont persuadés de la necessité d'un Equipage formidable sur mer? il ne se trouvera personne qui auroit cette audace.

Avec toute la vénération & tout le Réspèt pour les sages Consultations des Etats, les Marchands osent dire: que pourvû que l'augmentation se fasse, pour résister à ceux qui ont insulté depuis si long tems la Republique, & pour proteger le Commerce, ils aiment mieux qu'elle soit résolue aujourd'hui que demain.

Munie de sorte d'un nombre suffisant de Vaisseaux de guerre, la République pourra se remettre en autorité & se faire respecter, comme elle l'etoit auparavant.

Si un zéle trop grand a méné trop loin les Marchands, ils en esperent Pardon de V. A. R.
Ma=

NB. *Le Traité dit expressément, Article 14., que ces vaisseaux doivent être relachés dont les gens ont eprouvé la question.*

Num. LXXX. *Le vaisseau le* JEUNE AN-DRIES, *Capitaine* Jan Jurian Witkop *venant d'Amsterdam, destiné pour* Bourdeaux, *a rencontré le* 7. *Avril* 1758. *sur la hauteur de Douvres un Capre Anglois, qui vint à bord avec* 7. *hommes armés, qui ouvrirent les ponts, plusieurs*
bal=

Madame, car ils parlent pour femmes, pour Enfans, pour la Patrie, & pour l'Illuſtre Maiſon de V. A. R.

Ils ſont fort éloignés d'engager la Republique dans une guerre dont l'Iſſue eſt incertaine; non, ils ne cherchent qu'une neutralité ſeure, une heureuſe Paix.

Ils reconnoiſſent que le ſort de la guerre eſt incertain, mais il ne faut pas pour cela ſe laiſſer opprimer deſorte, qu'enfin il n'y aye plus d'eſperance de ſe relever.

Et pour démontrer, Madame, combien les Marchands d'un Coté ſont éloignés de vouloir la guerre contre leurs opprimeurs, & de l'autre coté ſouhaitent, que la République ſe mette en devoir de prévenir ſa perte, par ſes propres forces, & par de nouvelles alliances, ils prennent la liberté de répeter ce qu'ils ont déja propoſé

tant

---

balles & paquets de la charge, & enleverent un Paquet de Manufactures. Le même ſoir, il vint à bord 2. Capres Anglois, avec 15. hommes, qui examinerent les papiers, ouvrirent les ponts avec des haches, entrerent dans le fonds, ouvrirent pluſieurs balles: à cauſe de l'obſcurité on ne put pas ſavoir ce qu'ils ont enlevé. Le 11. Avril. il eut encore un Capre à bord, qui ouvrit les ponts, & ouvrit des balles. Ces 4. Capres ont enlevé juſqu'à 9. Paquets de Manufactures, de la valeur de fl. 6000.

tant de fois, savoir: qu'une Deputation de la part de V. A. R. soit envoiée en Angleterre pour solliciter auprès de Sa Majesté de la Gr. Bret. une suffisante satisfaction du domage qu'on nous a causé.

Comme ils ne pensent pas qu'il y ait apparence, comme s'ils vouloient entreprendre sur les sages déliberations de leur légitime Regence, ils osent encore proposer, qu'on devoit decerner en même tems avec la Deputation en Angleterre, plusieurs Commissions en Russie, en Espagne, en Suede & en Danemarc, afin qu'en cas de refus en Angleterre, on soit assuré de l'assistance des dites Cours, pour reprimer l'Envie de l'Angleterre de dominer seule.

Dieu benisse V. A. R., le Prince Stadhouder hereditaire, & toute l'Illustre Maison, & Leur donne une longue & heureuse, pour le Bonheur & l'agrandissement de la chere Patrie.

(VII.)

MEMOIRES

POUR SERVIR 'A

L'HISTOIRE

DE NOTRE TEMS,

PAR-RAPPORT AUX DISSENTIONS PRE-
SENTES ENTRE LA GR. BRET. ET
LA REP. DES PROVINCES
UNIES.

(VII.)

AVIS

QUE S. A. R. A DONNE' LE 11. OCTO-
BRE 1758. 'A LEURS HAUTES PUISSAN-
CES, DE LA HARANGUE QUI LUI A
ETE' FAITE PAR UNE DEPUTATION DE
QUARANTE MARCHANDS, TOU-
CHANT UN ARMEMENT 'A
FAIRE PAR TERRE ET
PAR MER.

MESSIEURS! ET HAUTES PUISSANCES!

CE feroit méconnoitre le Zéle & la Vigilance de VOS HAUTES PUIS-
SANCES pour la confervation de
l'Etat, que de vouloir les y animer; j'en fuis
pleſ-

pleinement convaincue par les preuves que nous
en avons ; c'est auffi uniquement fur ce Princi-
pe que je me répofe, en paroiffant dans l'Affemblée de Vos Hautes Puiffances, pour leur
propofer que, puifque les exhortations ferieufes
& réiterées, qu'Elles ont faites aux Provinces
de Hollande & de Weftfrife, pour que l'augmentation propofée des forces par terre & par
mer foit réfolue, n'ont pas encore eu l'effet
fouhaité, il plaife à VOS HAUTES PUISSAN-
CES de tacher à trouver de nouveaux moyens
pour en venir à bout au plus-tôt.   Ce fera,
d'un côté pour fatisfaire aux fortes & juftes fol-
licitations des Provinces de Gueldre, Utrecht
& Overyffel & dependances, & de l'autre, pour
aller au dévant des defirs des commerçans de
ce

Num. LXXXI. *Declaration de* John Hods-
on, *touchant le pillage & le mauvais traitement exercés fur le Vaiffeau* LA JALOUSIE,
Capitaine Simon Deker *venant de St. Euftache
deftiné pour* Amfterdam; *il en fut pris par un
Capre Anglois 3. balles de Caffé & plufieurs autres effets : & du vaiffeau* L'ELISABETH DE
LIDIA, *Capitaine* Joris Altona *venant de* Nantes *deftiné pour* Amfterdam, *un Capre Anglois en
a volé un Paquet de Manufactures, un Paquet
de Mouchoirs & plufieurs autres Marchandifes.
Les chofes volées de ses vaiffeaux par les Capres
font eftimées à*   *fl.* 1000. 0

ce Païs, qui, informés deja par moi de la nego-
ciation entre la Grande Bretagne & VOS HAU-
TES PUISSANCES pour venir à un équitable
accommodement au fujet du different qui s'eft
élévé, & du foin que j'ai emploié pour l'avan-
cer, m'ont fait pour la quatrième fois, une
députation, dans laquelle ils infiftent à une
Augmentation notable des forces par terre &
par mer.

Cette députation étoit compofée de quarante Marchands, auffi recommandables, que la
Harangue qu'ils ont lue devant moi, étoit di-
gne d'attention, & dont nombre d'exemplai-
res deja imprimés, furent immediatement di-
ftribués. Je n'y ajouterai a préfent aucune Ré-
marque, fi ce n'eft, que cette harangue ne

G 2

fem-

Num. LXXXII. *Declaration de* Abraham
Borgh, *touchant le mauvais traitement & le pillage du vaiffeau les* QUATRE SOEURS, *Capitaine* Mathias Anders & Borg *venant de* St.
Thomas: *il en a été derobé par un Capre Anglois,
de l'argent, de l'Indigo &c. Du vaiffeau* AN-
NA CATHARINA *Capitaine Laurent Cornelisz, venant de* St. Euftache, *dont un Capre
Anglois a volé du Sucre, du Caffé &c. Et le
vaiffeau la* RESOLUTION, *Capitaine* Booy
Cornelisz *voulant mouiller l'ancre à* Douvres, *fut
arreté long tems. Ce qui a été volé des deux
vaiffeaux fusdits, eft eftimé à* fl. 8000.

semble pas être faite pour faciliter la Négociation commencée avec l'Angleterre, où pour fug-
gerer à la nation le fentiment de préferer un
accommodement à une rupture avec cette couronne: du refte, je ne m'expliquerai fur rien
ici, aimant mieux de rémettre le tout au juge-
ment très éclairé & penetrant de Vos Hautes
Puiffances, qui, réconnoitront par cette harangue, qu'il n'eft plus de tems à perdre, pour
deliberer fur l'augmentation propofée, des forces par terre & d'un armement par mer, fur
lefquelles j'ai toujours infifté avec le plus grand
empreffement, & fans lefquelles je fuis per-
fuadée, que l'Etat fera expofé à tous les dangers prefens & à venir.

Let-

---

*Num. LXXXIII. Copie & declaration du Ca-
pitaine Arend Hendriksz Conduifant le vaiffeau
HENRI & JEAN venant d'Amfterdam deftiné
pour Bourdeaux, qui a été pillé par les Capres Anglois, comme dans fon voyage précedent. Copie
de la declaration du vaiffeau le JEUNE JEAN
Capitaine Tierds Pofthumus, venant de Bourdeaux, qui pareillement a été fort maltraité par
les Capres Anglois. Capitaine Jan Keytjes, qui
conduit le vaiffeau ANNA FIDELITE' allant
de St. Petersbourg à Bourdeaux, a été volé par les
Capres Anglois de 80. Rouleaux de Toile à voile,
fl. 5000.0*

LETTRE

DE LEURS HAUTES PUISSANCES LES SEIGNEURS ETATS, 'A LEURS NOBLES ET GRANDES PUISSANCES, LES SEIGNEURS ETATS DE HOLLANDE ET WESTFRISE, TOUCHANT L'AUGMENTATION DES FORCES DE LA REPUBLIQUE.

NOBLES ET GRANDES PUISSANCES!

SOn Alteffe Royale Madame la Gouvernante étant ce matin dans nôtre Affemblée, nous a harangué de nouveau, à l'occafion d'une deputation, que les Marchands lui ont fait il y a quelques jours, pour demander avec empreffement, une augmentation des forces navales de l'Etat, vû la grande néceffité d'en venir promptement à des delibérations rélatives à l'augmentation propofée, des forces par terre auffi - bien que des navales, auxquelles Son Alteffe Royale a toujours infifté avec le plus grand empreffement, & fans lefquelles l'Etat eft expofé à tous les dangers & à tous les maux, préfents, & à venir.

G 3

Nous

Num. LXXXIV. *Declaration de* Jean de Neuville *fur les effets volés de plufieurs vaiffeaux* a   *fl.* 2106.

Nous avons jugé qu'il étoit de nôtre dévoir de prendre Copie de la Proposition susdite, pour la Communiquer à Vos Nobles & Grandes Puissances, comme aussi à Messieurs les Etats de Seelande & Westfrise, & de leur réprésenter en même tems, comme il nous paroit, que c'est maintenant ou jamais, que ces deux choses doivent être prises au plus-tôt & sans aucun rétardement en serieuse *deliberation*, & qu'après une conclusion unanime elles doivent être mises en execution. Il seroit aussi superflu qu'innuieux de rappeller à Vos Nobles & Grandes Puissances le triste état, dans lequel la République se trouve par le feu de la guerre qui *embrase* presque toute l'Europe, & qui s'est approché des frontières de cet Etat, sans qu'il y ait jusqu'à cette heure la moindre apparence d'en voir la fin dans l'année qui commence, parceque nous avons été averti, que les Principales Puissances qui y sont mêlées, font tous
les

Num. LXXXV. *Declaration de* Carli &c. *le vaisseau le Postilion, Capitaine* Pierre Roos, *qui a été fort volé par les Capres Anglois.* fl. 20000.

Num. LXXXVI. *Declaration de S. & W. G. Dedel, sur plusieurs vaisseaux pris, entre autres le vaisseau le* BIEN PUBLIC *Capitaine Ysbrand Pietersz de Calais à Rochelle; qui pourtant a été relaché. Les frais du Procès montent à* fl. 3600.

les efforts poſſibles pour la continuer, s'il ſe peut, avec encore plus de chaleur, la Campagne prochaine.

Tous ceux qui ſongent aux ſuites incertaines, que peut avoir une guerre entre des Puiſſans Voiſines, pour un Etat environné de tous cotés de trouppes étrangères, ne pourront disconvenir qu'il ne ſeroit à ſouhaiter avec ardeur, que la République, aux frontières de laquelle la guerre ſe fait, fut dans un état raiſonnable de défenſe. On comprend auſſi que le ſalut de nôtre Patrie dépend de la conſervation du Commerce, & on ſera convaincu, que, dans ces tems critiques, où nôtre navigation eſt troublée d'une

G 4

ma-

Num. LXXXVII. *Declaration de* Caſpar & Barend Nooring, *touchant le beurre volé du vaiſſeau* ELISABETH & JEANNE, *Capitaine* Pierre Gorter *de Lemmerik à Rotterdam, valeur* fl. 50.

Num. LXXXVIII. *Declaration de* Barend Noring *ſur ce que le vaiſſeau le* BIEN PUBLIC *allant de Caracao à Amſterdam a été volé, de la valeur de* fl. 760.

Num. LXXXIX. *Lettre du Capitaine Albert Douwes datée Morlaix le* 13. *Avril* 1758. *touchant les Vexations des Capres Anglois.* fl. 200.

Num. XC. *Lettre du Capitaine* Ipe Martens, *datée de Krooswyk* 16. *Avril* 1758. *touchant le pillage des Capres Anglois.* fl. 250.

manière inouïe, un armement eft indifpenfa-
blement néceffaire, & qu'il eft inexcufable de
négliger dans ces tems les forces maritimes.
Nous avons toujours fort approuvé les éfforts
officieux que vous avez faits de tems en tems,
Nobles & Grandes Puiffances, pour y encourager vos Co-Etats, & nous avons de notre coté
taché de les féconder du mieux poffible.

Auffi ne pouvons nous qu'approuver, que
les Commerçans maltraités, en portent leurs
juftes Plaintes, pourvuque cela foit d'une manière décente & refpectueufe. Mais comme
il eft du devoir de fages Regens, d'avoir foin,
non feulement d'une Partie de leurs Citoïens,
mais de tout l'Etat réuni, & que le premier
But d'un Souverain doit être, d'un coté d'avoir
foin du bonheur de fes fujets, & de l'autre, de
les

Num. XCI. *Lettre du Capitaine* Jurian Korn
datée de Krooswik le 25. *Avril.* *fl.* 200.

Num. XCII. *Lettre de* Tjeert Jansz *du* 1.
May 1758. *fl.* 150.

Num. XCIII. *Lettre de Barend Douwesz. datée du* 27. *May* 1758. *de* Bayonne, *fur le pillage
d'un Capre Anglois, qui lui a ravi de la Canelle,
des peaux &c.* *fl.* 2500.

Num. XCIV. *Lettre de* Simon Hommes *datée de Bourdeaux le* 29. *May* 1758, *qui comme les precedens fe plaint des pillages des Capres
Anglois.* *fl.* 250.

les défendre contre toute violence au déhors, nous estimons, que dans la situation, où la Republique se trouve à present, une augmentation de milice par terre est absolument necessaire, pour la seureté des frontières, de même qu'un armement sur mer pour la Conservation du Commerce, & que l'un ne sauroit être separé d'avec l'autre. Messieurs les Etats des Provinces de Gueldre, Overyssel, & Utrecht, sont avec Son Altesse Royale & avec nous d'un même sentiment; ils ont aussi constamment insisté, dans plusieurs Lettres & propositions, sur ces deux choses si essentielles au Bien Commun.

G 5 Nous

Num. XCV. Copie d'une Lettre du Capitaine Joris Ronnen Conduisant le vaisseau la GALERE LEGERE datée Cartagena, le 21, Juin 1758. venant directement d'Amsterdam, à rencontré le 17. May proche Douvres un Capre Anglois qui le visita & le laissa passer. Le même jour un autre le voulut piller, mais il le detourna en lui donnant 7. Guinées. Après midi il vint encore un autre qui demanda au Capitaine la permission de venir avec deux à trois hommes pour examiner les Papiers; mais ils sauterent tous dans le vaisseau armés de Mousquets: le Pilote & l'equipage furent fort maltraité par les Anglois, ils lui mirent un pistolet sur la poitrine, frapperent le Capitaine d'épées nues, le percerent par les Doits;

les

Nous ne doutons pas, que Messieurs Les Etats ci-dessus n'ouvriront leur sentiment là dessus directement à Vous, Nobles & Grandes Puissances! & vous fassent connoitre en même tems leur bonne volonté de prendre à cœur le Bien des Citoyens commerçans, dans le tems que vous, Nobles & Grandes Puissances, pourvoiez à la seureté de vos Citoyens.

Si donc nous faisons réflexion, que non seulement le bien de la Republique en général le demande, que l'Etat par terre comme par mer soit mis dans une Posture à se défendre, mais que l'on ne verra peut-être pas la fin de ces déliberations, à moins que par une mutuelle condescendance les Conféderés ne viennent au devant l'un de l'autre, nous voulons bien remettre à Vous, Nobles & Grandes Puissances, le soin de juger si un plus long rétardement de la Conclu-

---

les Canons furent remplis d'eau de mer, le grand pont fut ouvert, les Marchandises furent traînées de coté à autre, pour pouvoir passer entre les balles, une balle de poivre fut coupée, une Caisse de Canelle mis en pièce; on en prit & enleva 3. balles de Canelle, & une Caisse de Pistolets, une Cassette de Thé, & du Sucre, une Caisse de linge; ils couperent un Paquet de Cuir, endomagerent un tonneau d'ambre, 3. Caisses d'eau de Spaa, & d'autres Marchandises. Le dommage est estimé
fl. 3600.

clusion de l'augmentation, & de l'armement par mer ne puisse occasionner une pernicieuse dissention & separation des Confederés, dont les suites seroient très-funestes, parceque la Republique resteroit pendant ce tems, par terre & par mer, dans un état sans défense, & dependroit de ses voisins.

Nous vous prions donc serieusement Nobles & Grandes Puissances! si vous aimez le Bien de la Patrie, avec tout ce qu'il y a de cher, si vous avez au Cœur la Protection des Bons Citoyens, & si vous donnez un Prix à la bonne Concorde & à l'harmonie, qui est nécessaire en tout tems, mais principalement dans celui où nous

---

Num. XCVI. *Declaration de* Jonancaulx & Parelle *qu'un Capre Anglois a volé du vaisseau* LA VILLE DE LEUWAARDEN, *Capitaine* Eske *Hylkes de Haan, deux grands tonneaux d'Indigo, de la valeur environ de* fl. 5000.

Num. XCVII. *Declaration de* Wernier & Hartsinck, *touchant un tonneau de balaine, ravi du vaisseau* HENRI & JEAN, *Capitaine* Arend *Hendriksz, allant* d'Amsterdam à Bourdeaux, *valeur* fl. 1266.

Num. XCVIII. *Idem touchant* 4. *Paquets, qui renfermoient* 100. *Pieces de linge de Silesie &c. du vaisseau le Phœnix, Capitaine* Jouke Reenemann *allant* d'Amsterdam à St. Sebastien, *de la valeur* fl. 2088.

nous fommes, de faire de mures Reflexions fur l'exhortation de S. A. Royale & fur les inftances de la plus-part des Confederés, & de prendre une vigoureufe & falutaire Réfolution fur l'augmentation propofé de la milice, afin qu'elle foit unanimement conclue fans rétardement, en même tems que celle des forces navales.

En finiffant Nous prions Le Tout Puiffant qu'il Vous tienne Nobles & Gr. Puiffances dans fa Sainte Garde & Protection. A la Haye le 11 Dec. 1758.

de Vos N. & Gr. Puiffances les bons amis, Les Etats Generaux des Provinces-Unies.

Sub-

Num. XCIX. Idem touchant une balle de linge de Braband, volé du vaiffeau le FAUCON VITE, *Capitaine Pierre Thyffen, d'Oftende à Bayonne, la valeur de* fl. 200.

Num. C. Extrait d'une Lettre de Adrian Broet *conduifant le vaiffeau* ELISABETH & OLFERT GALEY *venant de* St. Euftache *deftiné pour Amfterdam, a été fort maltraité par les Anglois, qui lui ont ravi* 23. *Sacs. de Caffé & de Cacao, plufieurs effets & de l'argent du Coffre du Capitaine, & fait des defordres terribles: le dommage monte à* fl. 2000.

Somme de la première Lifte 439190.

Subſtance de la Réponſe de S. A. R. à la Harangue des Marchands, du 7. Dec. 1758.

Que S. A. R régardoit avec bien du chagrin l'Etat du Commerce: qu'Elle le prenoit autant à Cœur qu'aucun des Marchands, que ce n'etoit pas ſa faute, s'il n'etoit pas mieux protegé; mais que les villes de Dordrecht, Harlem, Amſterdam, Goüda, Rotterdam & de Briel, étoient cauſe que la force par terre & par mer de la Republique n'etoit pas dans un meilleur état; Que S. A. R. avoit ſans ceſſe travaillé à contenter les Commerçans. La lettre du Roi d'Angleterre Son Pere, en ſervoit de Preuve; dont voici le contenu:

„ On

LISTE II. DES DE'PREDATIONS ANGLOISES.

Vaiſſeaux Hollandois deſtinés aux Indes Occidentales, ou en revenant, qui ont été pris par les Anglois, & declarés deja en partie pour de bonnes priſes, avec leur charge, non obſtant qu'ils étoient chargé des effets qui ſuivant les Traités ſont tous permis de transporter. On a marqué de chaque vaiſſeau l'état où il ſe trouve à-preſent, ſuivant les avis qu'on en a.

Num. I. *Le vaiſſeau* L'AMERIQUE, *Capitaine* Louis Feret, *venant de St. Domingo, chargé de* Sucre, Caffé & Indigo, *deſtiné pour*

Ams

„ On travaille actuellement aux affaires des
„ Hollandois, & Jork aura inceſſament des
„ inſtructions neceſſaires pour regler un ac-
„ commodement à l'Amiable pour finir avec la
„ Republique. On cherchera les Moyens de
„ réprimer les inſolences des armateurs

Je ſuis Vôtre bon Pere
George Roi.

Qu'elle avoit été informée que Jork avoit
cherché ce matin d'entrer en conference avec
Leurs Hautes Puiſſances, pour commencer à
trai-

---

*Amſterdam, a été pris ſur la Hauteur de Schelling
par le vaiſſeau de guerre Squerrel, Capitaine
Heide Parker, & mené dans le Port de Yarmouth
& enſuite tranſporté à Londre. On y réclama
le vaiſſeau & la charge; mais les Docteurs (Commons) à Londres, le confiſquerent, alleguant pour
raiſon de Confiſcation, que lorſqu'il fut pris,
vaiſſeau & charge appartenoient au Roi de France, à ſes ſujets, vaſſaux ou à autres démeurant
dans ſes Païs ou ſous ſa domination, & ennemis
de la Couronne de Grande Brétagne, & par conſequent confiſcables. Cette ſentence a été prononcée le 21. d'Octobre 1757. On en a d'abord appellé aux Lords ou à la Haute Régence à Londre,
& depuis ce tems l'affaire n'a pas encore été appoin-
tée. Vaiſſeau & charge eſt eſtimé tout au moins
fl. 220000.*

traiter, & qu'elle s'en promettoit un succès souhaité.

S. A. R. avoit jugé bon, de renvoyer aussi les Marchands à Monsf. de Larrei. Ceux-ci avoit taché, dans une longue Conversation avec ce Seigneur, de démontrer, que c'etoit autre chose que l'augmentation, autre chose un équipage; qu'elles differoient comme jour & nuit. Que l'augmentation ne pressoit pas, mais qu'il y avoit cent raisons & même de bien pressantes pour l'equipage, qui étoient plus que convainquantes; à quoi Monsieur de Larrei a répondu, en substance: que ce n'etoit pas là faute de Madame la Princesse. Dans cette dissention, a ajouté ce Monsieur enfin, il étoit devenu un point

---

Num. II. *Le vaisseau* JOHANNA MARIA GALLEY *Capitaine Hans Jansen Bakker, venant de St. Domingo, chargé de Sucre, Caffé & Indigo, destiné pour Amsterdam, a été pris sur la hauteur de Cork par le Capre Anglois l'Aigle, Capitaine Thomas Dibdin, & mené à Cork en Irlande, où vaisseau & charge fut réclamé, mais le juge de Cork le confisqua, alleguant pour raisons de Confiscation les mêmes qu'on vient de dire avoir été allegué contre le vaisseau L'AMERIQUE; on a d'abord appellé de cette Sentence aux Lords ou à la Haute Régence à Londres. La Cause n'est pas encore décidée. Vaisseau & charge est estimé à*   fl. 240000.

point d'honneur, de ne point equiper fans une augmentation.

***

Num. III. *Le vaiffeau* JOHANNES, *Ca-*
pitaine Roelof Malmftrom *allant de Guadeloupe*
à St. Domingo chargé de Sucre, Caffé, Cotton
&c. deftiné pour Amfterdam, a été pris fur la
hauteur de 50. *miles vers le Nord des Isles de*
Bahama, par un Capre Anglois Capitain Thomas Randel, *apartenant à Neuwjork, & mené*
là; où vaiffeau & charge étant réclamé,
le juge de Neuwjork l'a confifqué fous pre-
texte que tout apartenöit au Roi de France, *fes*
Vaffaux & fujets. Il a été appellé de cette
fentence aux Lords ou à la Haute Régence à Lon-
dres; mais les proprietaires ne favent pas encore
ce qui fera refolu; cependant il parbit qu'on y
vendra le vaiffeau avec fa charge, au deffous du
quart peut-être de fa réelle valeur. Ce vaiffeau
avec fa charge s'il étoit arrivé ici, eft eftimé au
moins à   fl. 18000.

(VIII.)

MÉMOIRES

POUR SERVIR 'A
L'HISTOIRE
DE NOTRE TEMS,

PAR-RAPPORT AUX DISSENTIONS PRESENTES ENTRE LA GR. BRET. ET LA REP. DES PROVINCES UNIES.

(VIII.)

AUTRE HARANGUE, AUX NOBLES ET GRANDES PUISSANCES LES SEIGNEURS ETATS DE HOLLANDE ET DE WESTFRISE.

F Ont connoître très-humblement, les soussignés Marchands, deputés dernierement de la Bourse d'Amsterdam, à la Haye, que les Supplians ont pris la liberté de s'adresser à plusieurs reprises par des Requettes & de bouche à Leurs Hautes Puissances les Sgrs. Etats Généraux des Provinces Unies, & à Madame la Princesse Gouvernante, (comme il conste par les Regîstres) pour se

H

plain-

plaindre des frequents pillages, depredations, enlevements, Confiscations, Pratiques & Sentences judiciaires, des Anglois par rapport à la navigation de l'Etat, mais que toutes leurs Plaintes n'ont eu jusqu'ici le moindre effèt; qu'au contraire le dommage, qui est causé au Commerce en général, accroit de jour en jour; qu'eux, les supplians, prevoïants la ruine totale du Commerce, pressés par la nécessité, se sont addressés jeudi passé le 7. de Dec., encore de bouche, pour la quatrieme fois à Madame la Prin-

---

Num. IV. *Le vaisseau* LA GALERE D'ESPA-GNE, *Capitaine Cornelis Punt, venant de St. Domingo, chargé de Sucre, Caffé & Indigo, destiné pour Amsterdam, a été pris en même tems avec le vaisseau* JOHANNES *par le Capre susdit. Capitaine* Thomas Randel *mené à Neuwjork; on l'a réclamé; mais le juge de Neuwjork a confisqué vaisseau & charge, sous le même prétexte. On a appellé de cette sentence aux Lords à Londres. Il est à rémarquer de ces deux vaisseaux, le* Johannes *& la Galere d'Espagne, que le Capitain Roelof Malmstrom est parti d'Amsterdam avec le vaisseau la Galere d'Espagne; mais à Guadeloupe le malheur a voulu que ce vaisseau fut poussé de la Rade par un Orcan & poussé vers St. Domingo, pendant le quel accident le Pilote* Cornelis Punt *faisoit la fonction de Capitaine,*

Princeſſe, pour faire connoitre à S. A. R. que l'extremité eſt urgente, & que c'eſt la dernière néceſſité qu'on emploiat des moyens, ſavoir de fortes inſtances auprès de la Cour d'Angleterre, afin qu'un grand nombre de Vaiſſeaux avec leurs charges, arrêtés dans les Ports de Grande Brétagne, ſoyent rélachés, avec Protection ſuffiſante par tout le monde, comme il paroit amplement par la Harangue tenue à S. A. R. ci-jointe, & à laquelle les ſupplians prennent la liberté de ſe rapporter, de même que la Réponſe en ſubſtance, qu'ils ont reçu de S. A. R.

H 2

Que

---

le vaiſſeau le *Johannes* y fut acheté par *Roelof Malmſtrom* (qui du tems du malheur de la Galere d'Eſpagne ſe trouvoit à terre à Guadeloupe,) pour le compte des Proprietaires de la Galere d'Eſpagne, & il partit pour ici, Capitaine de ce vaiſſeau. Ce vaiſſeau & charge eſt eſtimé, s'il etoit arrivé ici, à   fl. 200000.

NB. Quoique ces deux vaiſſeaux avec leur charge & tout ce qui y appartient, juſqu'aux habits des matelots, ſoyent confiſqués, les proprietaires ſont tenus de payer encore les fraix exorbitans du Procès, montant à 700. Liv. Sterlings, ſuivant l'avis des Correſpondants. Le Capitaine *Roelof Malmſtrom* a eté obligé d'entretenir ſes gens durant 6. mois dans le Pais, & de leur donner des lettres pour leurs gages : ainſi que tout compté, la depenſe monte à plus de   fl. 12000.

Que les fuppliaɴs à leur grande douleur, ne réconnoiſſoient autre choſe par la réponſe mentionnée, ſi - non qu'il n'y a guères encore d'eſperance d'un Rédreſſement prompt du coté d'Angleterre, ni d'une protection ſuffiſante d'ici; cependant l'un & l'autre eſt réquis ſans aucune perte de tens, à moins qu'on ne veuille voir ruiner des milliers d'habitans de toute ſorte, grands & petits.

Les ſuppliants ont donc Récours à Vous, Nobles & Grandes Puiſſances! comme Péres de la Patrie, auxquels chaque partie de la Republique eſt egalement chere; priant le plus humblement, qu'il plaiſe à Vos Nobles & Grandes Puiſſances, de faire Réflection ſur l'état déplorable du Commerce, & de prendre de telles meſures pour ſa conſervation, que Vos Nobles

&

Num. V. *Le vaiſſeau* MARIA JOHANNA *Capitaine* Jan Lindeboom, *venant de St. Domingo chargé de Sucre, Caffé & Indigo, deſtiné pour Amſterdam, a été pris aux Indes occidentales par trois Capres Anglois & méné à Neuw York. Vaiſſeau & Charge y fut réclamé; mais juſqu'à cette heure on n'a point encore d'autre nouvelle, l'affaire étant indéciſe. Vaiſſeau & charge eſt eſtimé à* fl. 150000.

Num. VI. *Le vaiſſeau* LE NEPTUNE, *Capitaine* Jacques Leeſt, *venant de St. Domingo,*
char-

& Gr. Puiſ. jugent les plus éfficaces & les plus à propos ſelon leur ſageſſe, pour prévenir la ruine du Commerce & de la Navigation, & le deperiſſement de la Patrie. Nous ſommes.

Signé

Arent Bruin.

Frederic de Harde.

S. en W. G. Dedel & Comp.

Abraham van Hoboken.

Antoine & François de Vry & Comp.

Abraham & Daniel Nimes Tayarez.

Jean de Wit le Jeune.

François van Kerchem.

Jean Etienne Fizeau.

Jan van de Poll & Comp.

Jean Neel & Fils.

Jan van Eeghen.

H 3

Jean

---

chargé de Sucre, Caffé & Indigo, deſtiné pour Amſterdam, a été pris aux Indes Occidentales par un vaiſſeau de guerre Anglois & mené à la Jamaique, où le vaiſſeau & charge fut réclamé; mais le juge a declaré ce vaiſſeau & charge pour de bonnes priſes, de quelle ſentence on a appellé aux Lords juges ſuprèmes à Londres, & ou la choſe eſt encore indeciſe. La valeur du vaiſſeau avec la charge eſt eſtimé ici à fl. 50000.

NB. *Non obſtant les appells qu'on avoit faits, on a jugé a propos à la Jamaique de vendre vaiſſeau & charge.*

Jean & Henri van Vollenhoven.
Henri Rygerhos Corn.
Egbert Bosch.
Ad. Floris Raap.
Wed. Arnold. Amershof & Fils.
Pierre Dutil & Fils.
Ab. ter-Bosch.
Jean Texier.
Jean de Neufville.
Freres St. Martin & Angely.
Les Héritiers de Pierre Amiot & Comp.
P. & S. Loquet.

EX-

Num. VII. *Le vaisseau* LA PRINCESSE CAROLINA, *Capitaine* George Rubke *venant de Guadeloupe, destiné pour* St Eustache, *chargé de Sucre, Caffé & Cotton, a été enlevé proche de la Rade de* St. Eustache *par un Capre Anglois, & méné à* St. Christoffle, *de là à Montferrat & rélaché. Etant parti de Montferrat, il fut répris & mené à Neuw Providence, où vaisseau & charge fut reclamé, mais il n'est rien encore decidé. Il est estimé.* fl. 100000.

Num. VIII. *Le vaisseau* AMSTEL, *Capitaine* Frederic de Wit *venant de* St. Domingo *chargé de Sucre, Caffé & Indigo, destiné pour Amsterdam, a été pris au Canal par un vaisseau de Guerre d'Angleterre appellé* van Goert, *Capitaine* Robert Swanton *& mené à* Portsmouth, *où*

vais-

EXAMEN DE LA CONDUITE DES MAR-CHANDS DE HOLLANDE, 'A L'OCCA-SION DE LA DEMANDE QU'ILS ONT FAITE 'A S. A. R. MAD. LA PRINCESSE GOUVERNANTE, DATE'E DU 7. DEC. 1758.

Avec quelques Remarques importantes sur certains Mémoires touchant la Navigation & le Commerce libre des habitans de la République, aux Indes Occidentales, fidelement rapportées dans une lettre d'un Particulier à un Seigneur du Gouvernement.

Audi & alteram Partem.

M O N S I E U R ,

L A consternation causée aux bons Patriotes par deux écrits, qui ont paru depuis peu,

H 4   dont

---

vaisseau & charge fut redemandé ; mais l'affaire est indecise. La valeur du vaisseau & charge & estimé   *fl.* 80000.

Num. IX. *Le vaisseau* LA VIERGE SUSANNE *Capitaine* Nanning Cornelius, *venant de St. Domingo chargé de Sucre, Caffé & Indigo, destiné pour Amsterdam, a été pris à la hauteur du Cap St. Nicolas par le vaisseau de guerre le Blancford, Capitaine . . . . Comings, & mené à la Jamaique, où vaisseau & charge fut réclamé; la chose est indecise. Vaisseau & charge est estimé*   *fl.* 200000.

dont le premier eſt une réfutation du Mémoire *antidotal* que vous connoiſſez Mr., & l'autre une demande particulière de Meſſieurs les Marchands à Madame la Princeſſe, ſemble eveiller nos eſprits, pour conſiderer de plus près la conduite des Commerçants de Hollande. Leurs remontrances réiterées à Mad. la Princeſſe n'auroient-elles rien de Solide en ſoi, puiſqu'on n'a pas encore ſongé aux moyens de redreſſer les torts faits au Pavillon de l'Etat? Les lamentations des Marchands pour qu'on ſecoure le commerce, nous ont fait préſumer tout autre choſe! Mais Monſieur! en demandant que je m'explique plus clairement, vous ſerez perſuadé, qu'en examinant de près la Conduite de Meſſieurs les Marchands, je le fais ſans la moindre partialité. Je remarquerai le pour auſſi bien que le contre. Je déclare, que la veritable Raiſon qui m'a porté

té

Num. X. *Le vaiſſeau* LA LIBERTE', *Capitaine* Jacques Haak, *venant de St. Domingo, chargé de Sucre, Caffé & Indigo, deſtiné pour Amſterdam, a eté pris ſur la Hauteur du Cap St. Nicolas, par le vaiſſeau de guerre Anglois* LE BLANCFORD, *Capitaine* .... Comings, *& mené à la Jamaique; Vaiſſeau & charge y fut redemandé; mais la choſe eſt encore indeciſe. La valeur du vaiſſeau avec la charge s'il etoit arrivé ici eſt eſtimé à* fl. 200000.

té à cet examen, c'est, que j'ai remarqué une partialité inpardonable, dans tous les écrits qui jusqu'ici ont paru sur ce sujet. Mon dessein est de le faire sans être animé par quelque passion ou interêt propre: Cette Entreprise est difficile il est vrai Monf.; Mais néanmoins toute difficile que puisse être une chose, elle devient possible & facile à un Patriote bien intentionné, pourvû que l'esprit de contradiction en demeure éloigné.

Toutefois Monsieur, Vous n'attendrez pas de moi des rémarques amples sur les deux Piéces susmentionnées; un nouveau detail me parut superflu à present, cette matière d'Etat étant déja toute épuisée & rebattue, par une foule d'écrivains, qui à l'envi l'un de l'autre ont taché d'emporter le prix; Ce que je donne, ne doit être regardé que comme un miroir qui présentera au naturel le vrai & le faux de la conduite des Marchands de Hollande à l'egard

H 5

de

Num. XI. *Le vaisseau* LA PAIX, *Capitaine* Jan Jansz Boon, *venant de St. Domingo chargé de Sucre, Caffé, & Indigo, destiné pour Amsterdam, a eté pris sur la hauteur du Cap St. Nicolas, par le vaisseau de guerre* LE BLANCFORD, *Capitaine* . . . . . *Comings & mené à la Jamaique. Ce vaisseau & charge y fut réclamé, mais la chose est encore indecise. Vaisseau & charge sont estimés, s'ils étoient arrivés ici, à* fl. 200000.

de leurs plaintes. Pour la Refutation du Memoire susdit, je n'y repondrai pas, mais je m'en servirai comme d'un instrument necessaire, laissant ce soin à l'auteur des memoires, d'aiguiser, s'il lui plait, une autrefois sa plume contre elle.

Prémierement, deux mots suffiront, selon mon idée, pour faire voir pourquoi le *Redrès* de nôtre marine se retarde.

Elle provient uniquement du peu d'effet que l'augmentation proposée des trouppes de terre a eu, sur quelques Personnes de la Régence; & ces Personnes sont celles qui insistent sur une augmentation de forces par mer, la croyant de beaucoup plus nécessaire que celle par terre. Les Marchands sont de la même opinion: ce qui est facile à comprendre, parcequ'un *Redrès* dans leur Commerce leur donne un avantage evident, & une augmentation des trouppes

---

Num. XII. *Le vaisseau* LA CONCORDE, *Capitaine* Cornelis Cornelisz *venant de St. Domingo, chargé de Sucre, Caffé, & Indigo, destiné pour Amsterdam, a été pris sur la hauteur du Cap. St. Nicolas par le même Armateur le Blancfort, Capitain . . . Comings, & mené à la Jamaique, où vaisseau & charge furent réclamés, sans que la chose soit décidée. Vaisseau & charge s'ils étaient arrivés ici, sont estimés à*
fl. 200000.

pes par terre à peine eſt rémarquable. Il n'eſt donc pas étonnant, qu'ils inſiſtent avec tant d'empreſſement à une augmentation de vaiſſeaux de guerre, qu'ils crient tant contre la Nation Angloiſe, qu'ils appellent un peuple pirate, qu'ils inſurient leur juges, les nommant des juges injuſtes, & portent même dans cette adreſſe de groſſieres accuſations: chacun en leur Place, Monſieur, n'en feroit-il pas autant?

De l'autre côté, on ſuppoſe: qu'une des armées, cependant je ne ſais par quel accident, ſemblât s'approcher du territoire de l'Etat, & conſéquemment, pût attirer la guerre, ſi non dans tout le Païs, au moins dans les Provinces, les Villes & Villages frontières; qu'Elle ſe vît même contrainte de faire, pour ſa ſeureté, quelque dégat dans nôtre Païs, & d'en venir, pour peu que ce ſoit, à quelque violence, qui préſageoit aux habitans une totale Ruine: nos citoyens ne blameroient-ils pas la conduite de nôtre Régence, eu égard à la foibleſſe de nôtre état, mi-

---

Num. XIII. *Le vaiſſeau* LA PRINCESSE CAROLINE, *Capitaine* Pierre Rondeboom *venant de St. Domingo, chargé de Sucre, Caffé &c. deſtiné pour Amſterdam, a été pris entre Cuba & St. Domingo par deux Capres Anglois, & mené à la Jamaique, où Vaiſſeau & charge furent redemandés. Vaiſſeau & charge s'ils étoient arrivés ici, ſont eſtimés à* fl. 150000.

militaire actuel; ne murmureroient & ne crie-
roient-ils pas auffi bien que les Marchands? ne
diroient-ils pas hautement : que la Regence auroit dû prevenir un tel malheur? que lorfque
Madame la Princeffe avoit propofé l'augmentation, c'etoit le tems de la faire, & que c'etoit
une conduite inexcufable de laiffer ruiner & dé-
foler négligemment un Pais, qui n'eft pas feulement engagé dans la guerre?

C'eft ainfi, Monf., que raifonnent toujours
des hommes défefperés, & des gens qui vont
être privés de tout ce qu'ils poffedent dans le
monde. Les Marchands font à préfent dans ce
cas, & peut-être plus mal encore qu'on ne
penfe, parceque le Bien de l'Etat civil de cette
Republique depend uniquement du Commerce.
A l'egard des Provinces de Hollande, Zeelande
&

Num. XIV. *Le vaiffeau* Ste. MARIE, *Capi-*
tain Roelof Robin, *venant d'Amfterdam, char-*
ge de Pierres, Viande, Lard, Vin & autres
provifions, deftiné pour St. Domingo, a eté pris fur la
hauteur de 19. *degrés* 25. *minutes largeur de*
Nord, 14. *miles de St. Domingo vers l'Orient,*
par deux Capres Anglois, l'un appellé LE GE-
NERAL JOHNSON, *Capitaine* Samuel Littel, *& l'autre* LE NEPTUNE, *Capitain* Guillaume Topton, *& mené à Neuwjork. On y reclama*
vaiffeau & charge, & la chofe eft encore indeci-
fe. Vaiffeau & charge font eftimés à fl. 140000.

& Weſtfriſe, il eſt ſûr, Monſ., que l'économie civile depend abſolument du commerce; mais ce Commerce ne peut pas aſſuter le Salut de toute la Republique: démeurons donc à la Conduite des Marchands.

Dans ce point de leur Navigation, ils ont des raiſons bien fondées de ſe plaindre des inſultes que les Anglois font à leurs vaiſſeaux, & de demander une augmentation de forces par mer, pour repouſſer ces inſultes. Mais Monſieur!

Num. XV. *Le vaiſſeau* AMSTERDAM, *Capitaine* Gerben Annes, *venant de Bayonne, chargé de Vin, Bierre, Farine, linge & autres Marchandiſes permiſes, deſtinés pour* - - - *a été pris ſur la hauteur de* 40. *degrés largeur de Nord &* 6. *dégrés de longueur,* 40. *miles du Cap Finiſterre, par le Capre Anglois* LA VILLE DE CORK, *Capitaine* Thomas Roſe, *apartenant à Cork en Irlande, & mené à ce même Port. Vaiſſeau & charge furent rédemandés devant la Cour de juſtice à Dublin; mais on les confiſqua par ſentence du* 21. Dec. 1757. *De cette ſentence il a été appellé aux Lords à Londre, où la choſe eſt encore en ſuſpens. Le vaiſſeau avec la charge eſt eſtimé à* fl. 220000.

Num. XVI. *Le vaiſſeau* L'ESPERANCE, *Capitaine* Jacques Ketel, *venant d'Amſterdam, chargé de diverſes proviſions & Marchandiſes per-*

fieur! il est question en même tems, de savoir
si le Commerce de Messieurs les Marchands est
aussi legitime qu'ils veulent nous le faire ac-
croire, dans la Partie de la Navigation? Il im-
porte beaucoup, d'examiner si les moyens de
Redrès sont aussi honnettes, qu'ils veulent le
persuader au peuple? L'examen qu'on fait en
An-

---

*permises, destiné pour St. Domingo, a été pris sur la
hauteur du vieux Cap François de l'Isle St. Domingo, par deux Capres Anglois apartenant à
Neuwjorc ; l'un commandé par le Capitaine Robert Trop, & l'autre par le Capitaine
John Joncey: il fut mené prémierement à Providence, & après à la Jamaique, où vaisseau &
charge fut réclamé, mais sans effet. Le vaisseau avec la charge est estimé à   fl. 160000.*
Num. XVII. *Le vaisseau* LA DAME COR-
NELIA, *Capitaine* Jean Smit, *venant de St.
Eustache chargé de Pierres, de cercles de tonneaux & d'une somme, destiné à St. Domingo a eté pris à la hauteur de St. Domingo
par un vaisseau de guerre Anglois* LE BLAK-
SNAKE *Capitaine Nathanael Sweething, appartenant à l'Isle de Rhodes, & mené à Neuw
Providence; vaisseau & charge y furent reclamés, mais la charge fut confisquée & le vaisseau
relaché, par une sentence prononcée le* 11. *Avril*
1757. *De cette sentence on a appellé aux Lords*

a

Angleterre fuivant la légalité des prifes, & la déftitution de plufieurs vaiffeaux qu'on a déja declaré libres, peuvent fervir de preuve qu'en Angleterre on n'a pas en vue de detruire la marine de la République. Il eft vrai, que le rétardement des deliberations fur les vaiffeaux qui ont été pris, défole nos Marchands, qui ne favent que faire, & ofent à peine envoier un vaiffeau en mer; mais s'imagine-t on peut-être, que les chofes de cette nature foyent le feul objet

à Londres, où la chofe encore indecife. Cette charge eft eftimée à   *fl. 39000.*

Num. XVIII. *Le vaiffeau la Demoifelle A-LETTE CATHARINE Capitaine Dirc Pieter Sluyter venant d'Amfterdam, chargé de Vin, Viande, Farine & autres provifions, Linge &c. deftiné pour St. Domingo, à été pris près de St. Domingo par deux Capres Anglois & mené à la Jamaica, où vaiffeau & charge furent reclamés, mais la chofe eft encore indecife. Ce vaiffeau & charge font eftimés à*   *fl. 150000.*

Num. XIX. *Le vaiffeau L'ADRIAN, Capitain Henri van Halm, venant d'Amfterdam chargé de Vin, Bierre, Farine, Viande, Pierres, formes, potteries, Caiffes, Savon & autres Provifions & Marchandifes permifes, deftiné à St. Domingo, a été pris fur la hauteur du Cap François par deux Capres Anglois, l'un appellé* LE

jèt de l'activité du Parlement & du Conseil Anglois? Il faut employer autant de tems à l'examen d'un vaisseau pris, pour le reconnoître libre avec justice, qu'il en faut pour le déclarer de bonne Prise. Les Marchands l'avouent eux-mêmes dans leur *Addresse* à Madame la Princesse.

LE CHASSEUR ROYAL, *Capitaine* John Johnson, *& l'autre* THE KING OF PRUSSIA, *Capitaine* Samuel Simon, *appartenant à l'hotel de Neuwjorc, & mené à la Jamaique, où vaisseau & charge furent réclamés; la chose est encore indecise. Ce vaisseau avec la charge est estimé à* fl. 140000.

(IX.)

MEMOIRES

POUR SERVIR 'A

L'HISTOIRE

DE NOTRE TEMS,

PAR-RAPPORT AUX DISSENTIONS PRE-
SENTES ENTRE LA GR. BRET. ET
LA REP. DES PROVINCES
UNIES.

(IX.)

SUITE DES REMARQUES SUR LA IVme.
HARANGUE DES MARCHANDS 'A
S. A. R., ET SUR D'AUTRES
PIECES.

ON voit, Monsieur, jusqu'où va le désespoir, lorsqu'on dit dans cette même *Addresse*: qu'aussitôt, après la députation en Angleterre, qu'on demande avec ardeur, il soit résolu aussi une Commission aux Cours de Russie, d'Espagne, de Suede & de Danemark, afin que dans le cas d'une réponse peu satisfaisante de la Cour d'Angleterre, ces Puissances maritimes s'unissent avec nous

pour

pour reſtreindre les Anglois, qui ſeuls veullent dominer ſur la mer. Ne s'enſuit il pas naturellement Monſ., que par une telleConduite nous nous engagerions à une guerre avec l'Angleterre? Quoiqu'on témoigne dans la même *Addreſſe* un peu plus haut, qu'on eſt bien éloignés de vouloir engager la Republique dans une guerre douteuſe avec un puiſſant Royaume, la choſe néanmoins fait connoitre d'elle même, qu'une telle propoſition donneroit aſſez de ſujet à l'Angleterre, de régarder cette négociation comme un Pas vers l'Hoſtilité. Mais ce n'eſt pas encore tout; je dis outre cela, que d'autres Puiſſances ne voudroient point pour l'amour de nous, ſe brouiller de la ſorte avec l'Angleterre, & cela pour la Raiſon & ſous le chetif prétexte, de prevenir que la Grande Brétagne ne ſe rende ſeule maitreſſe de la mer. Ce point n'eſt pas encore celui où je m'arrète; la queſtion eſt,

---

Num. XX. Le vaiſſeau la VILLE *de* ROTTERDAM, *Capitaine Hans Janſſen Peer, venant de Martinique, chargé de Sucre, Caffé & Cacao, deſtiné pour* St. Euſtache, *& Amſterdam, a été pris entre* St. Euſtache *& Martinique, par deux Capres Anglois, l'un de Nèuwjork, & l'autre de Barbados, & mené à* St. Chriſtoffle, *où vaiſſeau & charge a été rédemandé. La choſe eſt encore indeciſe. Vaiſſeau & charge ſont eſtimés à* fl. 300000.

eſt de ſavoir ſi les autres Puiſſances maritimes ſont convaincues, que nôtre Commerce ſe fait avec la droiture & la pureté réquiſe, & ſi nous n'avons pas nous mêmes donné ſujet à l'Angleterre d'empecher ſi efficacement notre Navigation? Car pour dire la vérité, Monſ., il y en a beaucoup qui trouvent étrange, que ce ſoit nous, & nulle autre Puiſſance, qui faſſent le commerce aux Isles Françoiſes; & que les Anglois, ne prennent guères que nos vaiſſeaux & non ceux des autres Puiſſances neutres: certainement cela ne ſe fait pas ſans de bonnes Raiſons; il faut, ou que nous nous entendions mieux avec la France, pour le transport, que les autres Puiſſances, ou que les charges ſoyent ſuspectes.

Je ne me melerai pas de ce que dit le defenſeur du mémoire *Antidotal*, de la navigation & du Commerce libre, que nous avons dans les Isles Françoiſes, ou que cette Puiſſance nous

I 2

Num. XXI. *Le vaiſſeau* MARIA AGNES *Capitaine* Cornelis Cooyman *venant de St. Domingo chargé de Sucre, Caffé & Indigo, deſtiné pour Amſterdam, a eté pris par deux vaiſſeaux de guerre Anglois, ſur la hauteur de 49. degrés 30. Minutes de largeur de Nord, & 4. degrés 8. Minutes de longueur, & mené à Corc; ces vaiſſeux & charge ont eté reclamé; mais la cauſe eſt demeurée indeciſe. Vaiſſeau & charge ſont eſtimés à* fl. 240000.

y permet pendant cette guerre, parceque ce
chapitre est pas une chose essentielle à l'affaire, & ne decide rien. Je comprends avec Messieurs les Marchands, que ce commerce n'est
pas mauvais en soi même, & que cette permission de la France est un moyen de le faire fleurir d'avantage; mais je comprends aussi de l'autre
coté, qu'un tel commerce, dans les circonstances présentes nous peut rendre suspects à d'autres Puissances & particulierement à l'Angleterre, qui peut nous reprocher que sous le nom
& à la faveur de notre commerce, nous favo-
risons aussi celui d'une Puissance avec laquelle
cette Couronne est en guerre ouverte: il faut
donc des Exemples pour convaincre la Grande
Brétagne, que nôtre commerce ne se fait pas
dans cette vue, & on ne peut pas desapprouver
que cette Puissance n'y porte la plus grande at-
ten-

Num. XXII. *Le vaisseau* JULIANA, *Capitaine Chretien Hoofd, venant d'Amsterdam,
chargé de Pierres, de houilles, Lard, Viande,
Vin, Huile, Bierre & autres Provisions & effets
permis, destiné pour St. Domingo, à eté pris sur la
hauteur de Montechrist, Capitaine Jan Randel,
& mené à Montechrist, où ayant eté rélaché,
il vint un autre Capre, qui s'en empara & le mena à Jamaique, où vaisseau & charge furent reclamés; mais la cause est encore indecise. Vaisseau & charge sont estimés à* fl. 90000.

tention, parceque toutes les forces des Anglois
font fur mer. Et c'eft la queftion, Monfieur,
de favoir fi pendant cette guerre ils n'ont point
eu raifon de prendre & de déclarer quelques
uns de nos vaiffeaux de bonne Prife? Oui,
fans doute, la chofe eft trop connue, pour la
révoquer en doute; mais il eft vrai, qu'elle
peut être excufable par les pretendues tournures
qu'on peut lui donner, eu égard aux circonftances. Par cette raifon, tous les vaiffeaux que
les Anglois ont pris fur nous, ne font pas de
bonnes Prifes, je l'avoue: la déclaration expref-
fe que le Miniftre Anglois a fait faire de tems
en tems au notre, d'examiner l'affaire auffi-tôt
que l'occafion le permettroit au Parlement, &
la reftitution de plufieurs de nos vaiffeaux, en
fourniffent une preuve convainquante, comme
je l'ai déja rémarqué plus haut.

I 3

Mais

Num. XXIII. *Le vaiffeau* LE PHENIX, *Capitaine* Martin Pante, *venant d'Amfterdam, chargé de Vin, Farine, Viande, Beurre, Linge &
autres Provifions, deftiné pour* Martinique, *a eté pris
fur cette hauteur par trois Capres & mené à*
Montferat, *où vaiffeau & charge ont eté réclamés; Mais on a jugé à propos de les confifquer;
& non obftant les appels du Capitaine aux Lords
à Londre, on a vendu le vaiffeau; ce qu'on alloit faire auffi par rapport aux effets débarqués.
Vaiffeau & charge font eftimés à* fl. 130000.

Mais bien entendu, Monsieur, que s'il arrivoit, que l'Angleterre, déclarât juridiquement de bonnes prises tous nos Vaisseaux qu'elle prend, les choses changeroient de face à cet égard, parcequ'il ne faut pas croire Monf., qu'un seul exemple, tel evident qu'il soit, puisse suffire, pour rendre la conduite de tous nosMarchands suspecte vis-à-vis d'une Puissance,d'etroitement alliée avec nous; cependant on ne prendra en mauvaise part, que cette Couronne ait incessamment l'œil ouvert sur nôtre navigation, & empeche de tout son pouvoir les fraudes, dont nous pourrions user, pour favoriser les vues de la France? Ainsi quoique Messieurs les Marchands pretextent, qu'ils n'ont en vue que leur propre Bien

&

Num. XXIV. *Le vaisseau le* MARCHAND TROMP *Capitaine* Jean Eepzee *venant d'Amsterdam, chargé de pierres, planches, Vin, Farine, Beurre, Viande & autres provisions, destiné pour S. Domingo, a eté pris à* 6. *lieuës du Cap François par le Barquentin Anglois* L'ESPERANCE *de* NIEUWJORK, *Capitaine* Jacques Macdonald *& mené premierement à la* West Cacques, *ensuite à* Providence, *où vaisseau & charge furent reclamés; mais sans aucun effet, car bientôt vaisseau & charge furent confisqués par le juge à* Providence. *On a appellé aux Lords à* Londre, *mais la Cause est encore indecise. Vaisseau & charge sont estimés à* fl. 60000.

& l'état floriſſant de nôtre Commerce, on peut tenir pour certain, que nous favoriſons par ce commerce celui des François. Il eſt vrai, que nous n'avons pas de mauvais deſſeins contre l'Angleterre, mais c'eſt pourtant au prejudice de cette derniere Couronne, que nous agiſſons, en lui otant les moyens de ſe réconcilier bien-tôt avec la France. Vous me demanderez peut-être Monſ. ſi nous devons négliger, par Menagement pour une autre Puiſſance maritime, quelle qu'elle ſoit, notre propre Bien, & de laiſ-ſer tomber en ruine notre Commerce qui, ſui-vant le ſentiment de tous les Politiques de ce Païs, eſt la Principale Branche de nôtre felicité? Non, Monſieur, cela ne doit pas arriver, la mer doit être protegée contre toute violence, mais il ne faut pas pour cela étendre nôtre com-merce, dans cette perilleuſe époque, plus loin qu'auparavant, & donner occaſion à une Puiſ-

I 4

ſance

Num. XXV. *Le vaiſſeau* PIERRE, *Capitaine* André Jegaard *venant d'Amſterdam, chargé de Pierres, de houilles, beurre, Lard, formes à Sucre, bierre, linges & autres effets permis, deſtiné pour St. Domingo, a eté pris ſur la hauteur de St. Domingo par trois Capres Anglois, & mené premierement à Montechriſt, enſuite à Jamaica, où vaiſſeau & charge ont eté rédemandés; mais ſans effet. Vaiſſeau & charge ſont eſtimés à* fl. 100000.

fance engagée dans une guerre, à nous voir ainfi brouiller les Cartes.

Nous ne voulons pas faire entendre par cela ce que Meffieurs les Marchands alleguent dans leur *Addreffe*, de l'hypothefe du Secretaire d'Etat Mr. Pitt; favoir que nos Marchands s'entendoient avec la France, & que, quoique les Certificats & les Papiers des vaiffeaux paruffent pour le Compte des Hollandois, les Marchandifes néanmoins apartenoient aux François, à qui nous prêtions nos vaiffeaux pour le tranfport & le traficq de leur propre Marchandife.

On peut bien être de ce fentiment en Angleterre, & peut-être que ce fentiment a été fondé fur les circonftances; & le commerce que font nos vaiffeaux en faveur de la Nation Françoife, peut donner lieu à cette préfomtion. Toutefois, dans *l'addreffe* mentionnée, les Marchandife defiftent de leur Navigation dans les Isles

---

NB. *touchant le vaiffeau mentionné, il eft encore à remarquer, que pendant les 9. jours qu'il a eté à Montechrift, les Anglois ont fort mal traité les effets de la charge, en ont volé & ravi beaucoup, ont pris quelques gens de l'équipage pour les transporter chargés de fers fur un des Capres; on a appliqué les menottes au Pilote & à un matelot, coupé dans la main le Compagnon du Pilote de forte qu'elle eft gatée, & plufieurs autres violences ont été exercées.*

Isles Françoises, en difant: qu'ils n'avoient pas intention, que cette navigation dut être foutenue par force, étant trop perfuadés, qu'il n'etoit point de l'intérêt de la Republique, de défobliger une Puiflance voifine, pour une branche de Commerce, qui en tems de Paix ne leur étoit pas libre, *& dont ils ont cependant profité pendant cette guerre.*

N'allons pas plus loin Monfieur, dans l'examen de la Conduite de Meffieurs nos Marchands. Cet aveu n'eft-il pas un deuxième aveû de l'abfurdité de leur navigation en faveur de la France, dont les forces par mer, fi elle pouvoit tenir contre celles de fon ennemi, ne fouffriroit jamais que nous euffions l'avantage de ce commerce, pour nos Colonies! Pourquoi nos Marchands font-ils donc fi acharnés à des vaiffeaux

I 5   de

Num. XXVI. *Le vaiffeau la* VIGILENCE, *Capitaine* Jan Paauw, *venant* d'Amfterdam, *chargé de Caiffes à Sucre, Pierres, bierre, beurre, vin & autres provifions permifes, deftiné pour* St. Domingo, *a eté pris par deux Capres Anglois, l'un appelle le* GENERAL JOHNSON, *Capitaine* Samuel Littel, *& l'autre* L'ABERCREMSIE, *Capitaine* Jofeph Rieuwers, *croifant pour* Mr. Guillaume Kelly *à Neuwjork, & mené à Neuwjork, où vaiffeau & charge furent réclamés; mais fans effet.* La valeur en eft de
fl. 60000.

de guerre, pour réprimer les violences de l'Angleterre, si ce n'est pour soutenir un droit,
qui assurement ne leur appartient pas? L'Angleterre ne mettroit pas obstacle à nôtre Navigation, si elle ne lui nuisoit point en servant ses
ennemis; on épargneroit nombre de vaisseaux
de Guerre; & les frais, qui sont pris de la
bourse du commerce, ou de celle du peuple,
pourroient être emploiés à d'autres besoins de la
République; la perte que souffrent les Marchands
particuliers par la prise de leurs vaisseaux & de
leurs Marchandises seroit soulagée, par un Commerce & une Navigation assurée, comme la Republique le fait en tems de Paix. Le Comerce dans
les Isles Françoises en Amerique, ne s'etant jamais

Num. XXVII. Le vaisseau GERTRUID,
*Capitaine Gottlieb Sielkens, venant d'Amsterdam
chargé de beure, viande, vin, Linge & autres
provisions & effets permis, destiné pour St. Domingo, a eté pris sur la hauteur de Leogane par le
vaisseau de guerre commandé par l'Amiral
Coots, avec encore un autre vaisseau de guerre
Anglois, de 60. Canons, & 5. Capres de Neuwjork; il fut mené à Jamaique, où vaisseau &
charge furent réclamés, & suivant les nouvelles qu'on a eu, il a eté rélaché, mais les fraix
du Procès montent à 10000. fl. & les effets sont
fort maltraités suivant l'avis du Capitaine. Il
est estimé à* fl. 80000.

mais fait, qu'àpresent, de l'aveu même de nos Marchands, il faut necessairement, qu'on le régarde comme un Commerce extraordinaire, qui nous est aussi favorable, qu'avantageux à la Puissance en faveur de laquelle il se fait. D'où vient donc, que nôtre commerce & nôtre navigation florissoient autre fois, comme le rélevent si fort Messieurs les Marchands & même tous les autres Républicains? pourquoi nôtre Commerce floriroit - il aujourd'hui uniquement par une navigation inconnuë jusqu'alors à la republique, & seroit absolument ruiné, dès que nous ne serions plus libres de le faire dans Isles Françoises & aux Indes Occidentales?

Je m'imagine donc Monsieur, en avoir dit assés, dans ce peu de feuilles, du commerce & du Systeme de partialité de nos commerçans, pour vous satisfaire Monsieur, & ceux qui connoissent le Païs. J'omets donc toutes les amples &
équi-

- Num. XXVIII. *Le vaisseau* MARIA ELISABETH *Capitaine* Cornelis Mallaga *venant d'Amsterdam, chargé de vin, farine, bierre, beurre, pierres, houilles & autres Marchandises toutes permises, destiné à St. Domingo, a eté pris sur la hauteur de St. Domingo par un vaisseau de guerre Anglois, & mené à Jamaique, où vaisseau & charge furent reclamés, le procès dure encore. Vaisseau & charge sont estimés à* fl. 140000.

équivoques explications, que l'on donne au
traité de Marine conclu en 1674. entre la Couronne de la Grande Bretagne & cette République, & ce que plusieurs pretendent par une hypo-
these bien singuliere, que quelques uns de nos
Commerçans avoient cause commune avec des
Capres où Armateurs ainsi dits, qui sous le Pavillon Anglois insultent les vaisseaux de l'Etat,
& qu'ils prétendoient que, dans des vuës parti-
culieres inconnues à nous (quoiqu'on les com-
prenne bien) il en proviendroit un avantage,
qui mettroit à couvert toute la République.

Je n'estime pas ce Raisonnement & plusieurs
autres, peu dignes de vôtre attention Monsieur,
ayant rempli ma promesse, de vous mettre devant les yeux la Conduite, & speciellement les
vuës suspectes de nos Marchands, dans ce point
d'un commerce arbitraire, qu'ils s'imaginent
que nous pouvons faire librement, en qualité
de Puissance neutre. Je ne vois plus rien d'important à discuter dans l'Addresse que vous
Con-

Num. XXIX. *Le vaisseau* DAME JEAN-
NE, *Capitaine Jean Franse, venant d'Amsterdam chargé de pierres, formes & post à Sucre,
Vin, bierre, fromage, farine, Savon &c. a
oté pris par deux Capres Anglois & mené à Jamaique, où vaisseau & charge furent réclamés,
mais la cause est encore indecise Vaisseau &
charge sont estimés à* fl. 80000.

Connoiffez Monfieur. Je finis donc, en obfer-
vant que fi par le maintien de cette navigation
& de ce commerce dans les Isles Françoifes en
Amerique, nous pouvions efperer de jouir de
la même liberté en tems de Paix, la République
en tireroit certainement un avantage confiderable ; il ajouteroit un nouveau luftre & de
nouvelles forces à notre marine, qui parvien-
droit à fe faire refpecter de toutes les Puiffances ;
mais c'eft ce dont je ne puis prévoir la poffibi-
lité.   Je fuis
    à la Haye le 16. Dec. 1758.

Aux Marchands & Navigateurs Hollandois.

LES differends qui fubfiftent depuis quelque
tems entre la Grande Bretagne, étant enfin
éclatés en Guerre ouverte,   nous ne favons
pas, fi nôtre Etat n'y fera pas embrouillée ; fuivant quelques uns nous fommes obligés d'affifter l'Angleterre (1), & d'autres difent, que
nous n'y fommes aucunement obligés (2) en
ce cas prefent.   Vous fouhaitez fans doute,
& vous efperez pour la pluspart de demeurer toujours en paix, c'eft ce que j'efpere & que je
fouhaite auffi.   Vous jouiriez alors, croïez
                       vous,

  (1) Voyez le fommaire du Traité ou Epitome
des Traités, & la Reponfe à la lettre d'un Marchand
de R. . . .
  (2) Voyez les trois lettres d'un Marchand de R,
à un de fes Amis à A. . . .

vous, de la liberté que Sa Majesté Très-Chrétiénne Vous donneroit auffi-bien qu'aux autres Nations neutres, de naviger & trafiquer aux Isles Françoifes en Amerique, & que vôtre navigation & commerce dans tous les païs & Etats avec lequels le nôtre entretient l'amitié & la Paix, ne feroient point troublés, & cela vous agréeroit. Mais je comprend auffi, que vous n'ètes pas fans crainte, que les Anglois ne vous traverfent, comme ils ont fait dans les guerres précedentes où notre Etat n'avoit aucune part; que vos vaiffeaux ne foient arrêtés, qu'ils ne foient pillés, enlevés, confifqués par eux fans aucune raifon. C'eft à caufe de cette peur que j'ai voulu de nouveau publier ce Traité de Marine entre l'Angleterre & nôtre Etat, afin que nos Compatriotes & Vous en particulier, puiffiez voir, à quoi les Anglois font obligés par rapport à la Navigation, & ce que vous devez obferver envers les Anglois pour pouvoir attendre que vôtre commerce & Navigation ne foyent pas troublés, fi l'Angleterre obferve le Traité. Je dis, pourvuque l'Angleterre obferve le Traité; Mais pourquoi ne l'efpererions nous pas de ces Alliés, qui nous ont tant exhorté il n'y a pas long-tems de tenir ferme aux Traités conclus avec eux, & qui peut-être dans peu, nous y exhorteront encore. Nous ne fommes pourtant pas plus obligés à obferver les Traités qu'eux. Ils réconnoitront cela, j'efpere, spere, & nous donneront un bon exemple en gardant exactement ce Traité de Marine, qui quoique d'ancienne date, neanmoins a été expressement renouvellé & confirmé à la dernière alliance faite en 1728. avec Sa Majesté de la Gr. Bretagne à present régnante. Et dès après qu'il fut conclu, les Anglois eux-mêmes en ont tiré l'avantage, quatre ans de suite, que nous étions en guerre avec la France. Maintenant je vous dirai encore deux choses, que vous trouverez plus etendues dans le Traité. Prémierement ce que vous devez faire & ce que vous devez éviter suivant le Traité. En second lieu, ce que vous avez raison d'attendre des Anglois, si la guerre subsistoit entre eux & la France, sans que nôtre Etat y soit entrainé. Quant au premier Point: Ne transportez pas des Marchandises Contrebandes, c'est à dire des Munitions de guerre, des Soldats, des Chevaux, aux Places Françoises selon l'Article III.; Mais vous devez transporter librement toute autre Marchandise, & même du bois de charpente pour la Construction de vaisseaux, des Cordages, Cables, Ancres &. & toute sorte de provisions, pourvûque vous ne portiez pas ces effèts dans les Places qui sont bloquées ou assiegées selon L'Article IV. Ne confiez pas votre Marchandise à des vaisseaux François, car elle sera confisquée si ces vaisseaux viennent à être pris: au contraire vos vaisseaux osent porter des effèts

Fran-

François pourvûque ce ne soit pas Contrebande, Art. VIII. Car c'est là ce qui fait cette grande prérogative entre les mariniers: si le vaisseau est libre la charge l'est aussi. Si vous êtes destinés à une Place Angloise, ou à une Françoise, vous n'avez qu'à montrer vos Certificats & vos passeports, pour prouver en quoi consiste la cargaison, selon les Articles V. & VI. Si vous observez ces Articles, vous pouvez en second lieu, attendre des Anglois, suivant le Traité, qu'en pleine mer ils ne viendront que deux ou trois hommes dans une nacelle à vôtre bord, & après leur avoir montré vos lettres & passeports vous poursuivrez vôtre route en toute liberté, s'il n'y a pas de Contrebande; comme aussi, en cas qu'il y en eut, & que vous la remettiez: & si vous ne pouvez pas faire cela aussi-tôt, on vous emmenera sans vous molester, les effèts Contrebandes seuls seront confisqués, & le vaisseau avec le reste de la cargaison sera relaché suivant les Articles VI. & VII. Les Articles XI. XII. XIII. & XIV. enfin, vous asseurent d'une bonne & prompte justice. Cependant lisez & relisez le Traité vous mêmes, il est la base du Droit de marine, qui à present se doit montrer dans toute sa vigueur, entre l'Angleterre & cet Etat.

MÉMOIRES

POUR SERVIR 'A
L'HISTOIRE
DE NOTRE TEMS,

PAR-RAPPORT AUX DISSENTIONS PRESENTES ENTRE LA GR. BRET. ET LA RÉP. DES PROVINCES UNIES.

(X.)

TRAITE' DE MARINE DE 1674. ENTRE LA COURONNE DE LA GRANDE-BRETAGNE ET LEURS HAUTES PUISSANCES.

LA Paix étant rétablie entre le très-grand & très-puissant Prince, le Seigneur Charles second, par la grace de Dieu Roi de la Grande-Bretagne, France & Irlande; Défenseur de la Foi, &c. & leurs Hautes Puissances, les Seigneurs Etats-Généraux des Provinces-Unies des Païs-Bas; & d'autant que par les articles huit & neuviéme du Traité conclu à Westmünster le $\frac{9}{19}$ Février de l'année $167\frac{3}{4}$., a été accordé, que de la part du susdit

très-

très-grand Prince le Roi de la Grande-Bretagne, seront nommés six Commiffaires, & que pareil nombre de Commiffaires de la part des Seigneurs Etat-Généraux feront envoyés à Londres, pour dreffer un nouveau Traité de Marine: & comme pour cette fin, le Baron de Culpeper, Geor
ge Downing, chevalier & baronet, Richard Ford, & Guillaume Tompfon, chevalier, Jean Jollif & Jean Buchworth Ecuyers, Commiffaires établis de la part de fufdit grand Prince le Roi de la Grande-Bretagne, les Srs. Corver & Gilles Sautyn, Confeillers & Patrices de la Ville d'Amfterdam, Samuël Beyer & André van Voffen, Confeillers & Penfionnaires des Villes de Rotterdam & Enkhuife refpectivement, Pierre Duvelaar, ancien Bourguemaître de la Ville de Middelbourg, & Michel Michielz, Echevin & Confeiller de la Ville de Vliffingue, Commiffai-

LISTE II. DES DÉPRÉDATIONS ANGLOISES.

Num. XXX. *Le vaiffeau Dame* JACOBA, *Capitaine* Mathys Schram, *venant d'Amfterdam, chargé de vin, farine, lin, Lard, bierre, pierres, houilles & autres provifions & effets permis, deftiné pour St. Domingo & mené à Hallifax, où vaiffeau & charge furent redemandés, mais la chofe eft indecife. Vaiffeau & charge font eftimés à* fl. 120000.

miſſaires de la part des dits Seigneurs Etats-Généraux, envoyés à Londres, ſe ſont aſſemblés à pluſieurs repriſes, & ont conféré diverſes fois: il s'en eſt enſuivi qu'en vertu de leurs Plein-pouvoirs produits de part & d'autre, & dont le contenu ſe trouve exprimé ci-joint, ils ſe ſont accordés unanimement, & à la ſatisfaction mutuelle, par rapport aux Articles ſuivants d'un Traité de Marine, pour, ſuivant la teneur du ſuſdit Article huitiéme, être obſervé par terre & par mer en tous & un chacun endroit du monde entier.

Art. I. A tous un chacun des Sujets du ſuſdit très-grand & très-puiſſant Prince le Roi de la Grande-Bretagne, ſera libre & permis, avec toute liberté & ſûreté, de naviger, negocier & faire toute ſorte de Commerce en tous Royaumes, Païs & Etats, qui ſont en Paix, Amitié & Neutralité, ou y ſeront dans la ſuite

K 2

avec

Num. XXXI. *Le vaiſſeau* FERNANDO *Capitaine Nicolas Hilker venant de St. Domingo, chargé de Sucre, Caffé & Indigo, deſtiné pour Amſterdam a eté pris dans les Indes occidentales, par un Capre Anglois, le* HESTER ROYAL, *Capitaine Jacques Romb, apartenant à la Provinces de Neuwjork, & mené à Neuwjork, où vaiſſeau & charge furent reclamés; mais la choſe eſt en ſuspens. La valeur du vaiſſeau & de la charge, s'il etoit arrivé ici, eſt eſtimé à fl. 180000:*

avec le dit Seigneur Roi; tellement que, ni par violence de Soldats, ni par Vaisseau de Guerre, ou autre Navire quelconque, appartenant à leurs Hautes Puissances ou à leurs Sujets, à l'occasion ou sous pretexte de quelque hostilité ou dispute qui seroit survenue, ou pourroit survenir dans la suite, entre les susdits Seigneurs Etats-Généraux & d'autres Princes & peuples quels qu'ils puissent être qui soient en Paix & Neutralité avec sa susdite Majesté, les dits Sujets de la Grande-Bretagne ne pourront, en quelque maniere que ce soit, être empêchés ou troublés dans leur Commerce. Pareillement sera libre & permis à tous & chacun des Sujets de leurs Hautes Puissances, de pouvoir avec toute liberté & sûreté, naviger, negocier & commercer dans tous Royaumes, Païs & Etats qui sont en Paix, Amitié & Neutralité, ou qui y seront dans la suite avec les dits Seigneurs Etats-Généraux,

---

Num. XXXII. *Le vaisseau Dame* CLARA MADELENE *Capitaine Elias de Houten, venant de St. Domingo, chargé de Sucre, Caffé & Indigo, destiné pour Amsterdam a eté pris sur la hauteur de Leogane près de Caimittes: par un Capre Anglois le Duc de Marlbouroug, Capitaine David Tenton, & mené à Neuwjork, où vaisseau & charge furent reclamés, & cette cause est encore en suspens. Vaisseau & charge, s'ils etoient arrivés ici, sont estimés à* fl. 180000.

raux, tellement que ni par violence de soldats, ni de Vaisseau de Guerre ou autre Navire quelconque, appartenant au très-grand & très-puissant Prince susdit, ou à ses Sujets, ils ne pourront être empêchés ni troublés d'aucune maniere que ce puisse être, dans leur Navigation ou Commerce, à l'occasion ou sous pretexte de quelque hostilité ou dissention qui seroit survenue, ou pourroit survenir dans la suite entre susdit grand Roi & d'autres Princes & Peuples, quelconques, qui se trouveroient en Paix & Neutralité avec les dits Seigneurs Etats-Généraux.

II. Cette liberté de Navigation & Commerce ne sera restrainte dans aucune sorte de Marchandises dans l'occasion ou par raison de Guerre, mais s'étendra à toutes sortes de Marchandises, dont se fait & se fera Commerce en tems de Paix, à l'exception seulement des Marchandises exprimées dans l'article suivant, & qui sont distinguées par le nom de Contrebande.

K 3			III. Sous

Num. XXXIII. *Le vaisseau* EUROPA, *Capitaine* Pierre Arents, *venant de Bourdeaux chargé de provisions, destiné pour St. Domingo, a été pris dans les Indes Occidentales & mené à Montferrat; on ne sait pas encore les particularités de cette affaire. Vaisseau & charge sont estimés à fl.* 80000.

III. Sous le nom de Marchandises de Contrebande ou defendues, sont uniquement entendues des Armes, des Bouches à feu, avec les munitions d'artillerie & autres choses y appartenantes, des grenades, de la poudre, des mêches, des boulets, piques, sabres, lances, javelines, hallebardes, canons, mortiers, petârs, boëtes d'artifice, Fourchettes & des bandoulieres, du salpêtre, des fusils & leur plomb, casquets, morions, casques, cuirasses, & pareilles armures & munitions de Guerre, comme aussi des soldats, des chevaux, & tout cequi est necessaire pour équipper les chevaux, & pour chevaux de trait ou de charge, & tous autres instrumens de Guerre.

IV. Entre les Marchandises defendues, ne seront aucunement entendues les suivantes : savoir

---

Num. XXXIV. *Le vaisseau Dame* ANNE, *Capitaine* Pierre Winkes *venant d'Amsterdam chargé de diveres Provisions & effets permis, destiné pour St. Domingo, a eté pris le 2. de Mars dans les Indes Occidentales, par deux Capres, l'un appellé le* Roi de Prusse, *Capitaine Thomas Siemers, & l'autre le* Robby *Capitaine* Joseph Ojens, *& mené dans le Golfe de St. Nicolas, mais relaché après avoir examiné la charge, percé & cassé plusieurs Caisses, balles, & tonneaux, & pourveu d'un certificat de cette visitation faite.*

voir, toute forte de draps, & toute autre Marchandife de laine, de lin, de foye ou de coton,
de quelque forte que ce puiffe être; comme auffi
toute forte d'habits & ce dont on les fait, l'or
& l'argent, monnoyé ou non, de l'étaim, du
fer, du plomb, du cuivre, des charbons, du
froment, de l'orge, & toutes fortes de bled ou
de grains, du tabac, de même que toute forte
d'épiceries, de la viande falée ou fumée, du
poiffon falé ou fec, du fromage, du beurre, de
la bierre, de l'huile, du vin, du fucre, & toute forte de fel, & en général toute provifion néceffaire pour nourriture & entretien des hommes; en outre, toute forte de coton, chenevis,
chanvre & bitume, des cables, voiles & ancres,
même des mâts, planches, groffes ou minces,
& des poutres, de toutes fortes de bois, & tou-

K 4

tes

---

*Il fortit du Golfe le 6. de Mars, & rencontra le
7me. un Capre Anglois de Neujork appellé le Prince d'Orange, Capitaine David Dikfon, qui a
pris le Premier Pilote du vaiffeau, le Greffier,
le Capitaine avec la plus grande partie des matelots, qu'on mit au Bord du Capre, & fit voile
vers Neuwjorc; cependant le vaiffeau a eté fort
endomagé. Le Capre l'ayant mené a Neuwjorc
l'a accufé devant la Cour de Vice-Amirauté,
comme un vaiffeau François qui avoit à bord des
Munitions de guerre, comme des Canons, fufils,*

pou-

tes autres choses qui peuvent servir à bâtir ou à reparer des vaisseaux : tout cela sera compté entre les Marchandises libres, avec celles qui ne sont pas nommées dans l'Article precedent ; tellement qu'elles pourront être transportées & fournies par les Sujets de sa susdite Majesté, même aux Places en Guerre avec leurs Hautes Puissances ; & pareillement pourront être librement transportées & fournies par les Sujets des dits Seigneurs Etats-Généraux aux Places ennemis du dit Seigneur Roi : à l'exception seulement des Places assiégées, bloquées, ou investies.

Et pour que d'orenavant toutes questions & disputes cessent de part & d'autre, par terre & par mer, & soient écartées, pour cet effet a été convenu, que les navires de toutes les sortes, appartenants aux Sujets du susdit Seigneur Roi,

qui

---

poudre, balles, lames, Cordages & divers autres appareils de guerre, le tout appartenant au Roi de France, ou à ses sujets. Il prétend donc que ce vaisseau avec la charge, comme apartenant aux ennemis du Roi d'Angleterre, soit confisqué en sa faveur. Le Capitaine Pierre Winkes a fait caution par Louis Bomper, Marchand de Neuwjorc, de 300. L. Sterlings (fraix de Réclamation) & a reclamé vaisseau & charge ; Le Capre faisant de fortes exhortations au Capitaine de lui sacrifier la charge. Vaisseau & charge sont estimés à   *fl. 120000.*

qui entreront ou feront entrés à quelque Rade
ou Port des Seigneurs Etats, & feront deftinés
pour autre part, n'auront befoin que de montrer
leurs Lettres de Mer (dont eft ci-joint le formulaire) aux Officiers refidents dans ce Port;
ou bien, s'il arrivoit que quelque vaiffeau de
Convoy des Seigneurs Etats, ou d'autres vaiffeaux de guerre equipés par des particuliers s'y
trouvaffent, les montrer aux Commandants de
ces vaiffeaux; & il ne fera pas permis que fous
ce pretexte on leur demande de l'argent ni d'autres effets. Mais s'il arrivoit en pleine mer, ou
dans quelques endroits qui n'appartinfent pas
aux Seigneurs Etats, que des vaiffeaux de guerre des
dits Seigneurs Etats, ou des vaiffeaux équipés en
Commiffion par des particuliers, rencontraffent
quelque navire ou bâtiment quelconque appartenants aux Sujets de fa Majefté le Roi de la
Grande Bretagne, en ce cas les vaiffeaux des
Seigneurs Etats ou de leurs Sujets fe tiendront

K 5 éloi-

Num. XXXV. *Le vaiffeau la* RESOLUTION,
Capitaine Reindert Evertz Joh. Z. *venant de
Bourdeaux chargé de diverfes provifions & effets
permis, deftiné pour St. Domingo, a eté pris le
onzieme Avril par un Capre Anglois nommé
l'Ennemi, Capitaine* Condel, *& mené le* 18. *à
Briftol, où vaiffeau & charge ont été reclamés,
& la caufe eft encore en fufpens.* Vaiffeau *&
charge font eftimés à* fl. 56000.

éloignés d'une diftance convenable desdits navires, enverront feulement leur chaloupe, &
leur fera feulement permis de faire entrer deux
à trois perfonnes dans les dits navires ou bâtimens qui appartiennent à fadite Majefté, pour
avoir infpection des lettres de Mer (felon le formulaire ci-joint) des dits Navires appartenants
aux Sujets de Sa Majefté.   Etant ainfi faite infpection des Lettres de Mer, le navire ou bâtiment quelconque aura le paflage libre, & on ne
lui oppofera aucune difficulté, recherche, ou
retardement, & on ne l'obligera point de fe de-
tourner du chemin qu'il s'eft propofé ; & tous
Sujets des Seigneurs Etats, jouiront des mêmes
libertés & immunités, en montrant leurs lettres
de Mer conçues felon le formulaire annexé au
prefent Traité.

6. Si quelque navire ou bâtiment quelconque, appartenant aux Sujets Anglois ou autres
de Sa Majefté, qui navigeroit vers quelque Port

en-

Outre ces vaiffeaux compris dans ces deux
liftes, il y en a encore plufieurs de pris, depuis,
car il eft impoffible qu'un vaiffeau puiffe paffer
feurement, qu'il parte ou qu'il révienne.   Ainfi
nous fommes privés par les Anglois de nos meil-
leurs vaiffeaux, qu'à peine en refte t'il pour le
befoin : par où le commerce & la navigation des
habitans eft totalement ruinée.

ennemi des Seigneurs Etats, ou de même, que quelque navire des Provinces-Unies ou appartenant à d'autres Sujets des Seigneurs Etats, qui navigeroit vers quelque Port de la Jurisdiction des ennemis de sa dite Majesté, seroit rencontré en chemin-faisant, en ce cas un tel navire devra non-seulement produire ses Lettres de Mer, dont il doit être muni selon le formulaire ci-annexé, mais il fera examiner son Pasport, où seront exprimées les Factures des effets & Marchandises qu'il a chargé, expedié en la forme usitée par les Commis de Convoy du Port où il aura chargé, afin qu'il conste s'il a pris à bord quelque effet ou marchandise, qui soit de-

---

AUTRES DE'PREDATIONS ANGLOISES.

LISTE IIIme,

De 100. Vaisseaux Hollandois de la Ville d'Amsterdam, qui dans leurs voyages aux Indes Occidentales, ou sur le Rétour, ont été pris injustement, confisqués, ou retenus jusqu'ici: pour Exemple d'un plus grand nombre, qui ont été pillés & maltraité par les Capres Anglois. Le tout tiré des preuves authentiques, qui ont été présentées à Leurs H. P. les Etats Généraux de Provinces Unies, & à S. A. R. Madame la Princesse Gouvernante, le 27. Juillet 1758. par une Députation des Marchands d'Amsterdam.

defendu par le troisième Article du présent Traité.

7. En cas d'inspection des Pasports, où sont exprimés les factures des marchandises chargées (les dits Pasports étants expediés dans la forme usitée par les Commis du Port d'où le navire est parti) & que par dite inspection dont est traité ci-dessus, il se trouve quelque sorte de mar-

---

AVERTISSEMENT.

CEtte Liste régarde uniquement les vaisseaux pris, qui apartiennent pour la plus part à la Ville d'Amsterdam, destinés aux Indes Occidentales ou en révenant, autant qu'on en a sçu le 26. Juillet 1758.; non compris les vaisseaux de Dordrecht, Rotterdam, & autres villes de cette Province, ou de celles de Seelande, Frise & Groningue. Le domage causé par la prise des barques & bateaux appartenans à la Colonie de St. Eustache monte outre cela à une somme de Ps. 44149¹. 3. 4. ou fl. 1059579. 16. selon une Liste que le Gouverneur & le Conseil de cette Isle a envoié aux Directeurs de la Compagnie des Indes Occidentales. Et le domage causé par la prise de quelques Barques de Curacao, suivant une Liste, (dont pourtant jusqu'ici le nombre est accru) monte à Ps. 129035. 2. ou fl. 309684. 16.

ce qui fait fl. 1669264. 12.

marchandise déclarée pour contrebande dans l'Article troisième du présent Traité, & destinée pour un Port de la Jurisdiction de l'Ennemi, en ce cas il ne sera point permis d'ouvrir les ponts du navire où se trouvera telle marchandise, soit que le navire appartienne à des Sujets de sa Majesté ou des Seigneurs Etats, & ne sera point permis d'ouvrir des caisses, boëtes, paquets ou tonneaux, ou les rompre, ou même de prendre la moindre chose de ces marchandises, jusqu'à ce que la charge soit descendue du navire à terre en présence des Officiers de l'Amirauté, & en soit fait inventaire : on n'osera cependant en faire, en aucune maniere, vente, troc, ou, ou aliénation quelconque, à-moins qu'au

---

Des fréquents pillages & des mauvais traitemens innombrables on ne marque ici que ces 100. Cas, pour preuves ; d'où on peut juger, quelles sommes il en coute aux Sujets de l'Etat en général & aux habitans de cette ville en particulier.

Outre cet important domage, il a été causé à cette ville une perte inexprimable de millions de florins, aux sujets de cet Etat, par l'enlevement continuel des vaisseaux Hollandois dans les Ports de Mer Anglois, par leur rétention durant plusieurs mois & années même, par le dégat des vaisseaux & de la cargaison, par les dépenses ex-

&c.

qu'au préalable il ne soit fait & parfait le procès en forme contre ces marchandises de Contrebande, & que les Amirautés respectives les ayent déclarées pour confisquées par sentence; & seront cependant toujours declarés libres tant le navire que les autres marchandises qui s'y seront trouvées, & lesquelles selon le present Traité doi-

---

orbitantes & toutes inoüies de Procès, auxquelles ils sont presque toujours condamnés, & obligés de payer les frais du coté des Capres aussi-bien que des vaisseaux enlevés même, quoiqu'ils soient rélachés comme navigeants pourvus des lettres, & autres documents nécessaires, & n'ayant d'autres effets à bord que de permises par les Traités.

Si tout cela continue sans être rédressé, il est facile à juger, qu'il en résultera une cessation entière de notre commerce & navigation, & par conséquent sa ruine totale; les commencemens s'en font déja tellement sentir, que non seulement le Commerce & la navigation, mais aussi les fabriques, merceries, & manufactures qui en sont dépendentes, languissent & vont à leur ruine.

NB. Après avoir formé & presenté la Liste suivante, on a encore avis (outre encore d'autres importants pillages) que les vaisseaux suivants ont été pris par les Anglois & enlevés en partie, en Angleterre.

doivent être jugées libres, afin qu'elles ne soient pas arrêtées & déclarées de bonne prise à l'occasion des marchandises pretendues être de Contrebande.   Neanmoins s'il se trouve que, non point toute mais seulement une partie de la charge

1.) le Hector   Capitaine Gerit. Corn. Rams
2.) La Concorde   Jacques Albrecht.
3.) La Jeanne Galey   Jean Schoning.
4.) Amsterdam   Henry de Roon
tous allants de Bourdeaux pour St. Eustache, chargés de farine Vin &c.
4.) La Jeune Barbara   Eeuwe Kerjes Prent.
6.) Margarithe & Elisabeth   Michel Wolf.
7.) Maria & Sara   Jan Manson.
de St. Eustache à Amsterdam, chargés de Sucre Caffé &c.
8.) Attalante,   Swerus Berg.
de Curacao à Amsterdam chargé de Sucre, Caffé &c.
9.) Dirk & Appollonia   Capit. Jean Barends.
10.) Prince Guillaume   Michel Pierre Beve.
destinés de St. Eustache pour Zeelande.

Ces deux derniers vaisseaux sont partis de Zelande pour les Côtes de Guinée, & de là à St. Eustache, avec des Esclaves, pour lesquels on y avoit chargés du Caffé, Sucre, Cotton & Cacao, étant parti de là en Juin 1758. ils furent pris le 9me. de Juillet par deux Capres de Bristol.

charge, soit de marchandises defendues ou de Contrebande, & que le Battelier ou le chef du navire se montre prêt & de bonne volonté à les livrer, & les livre lui-même à celui ou ceux qui l'auront arrêté, en ce cas ceux-ci n'ôseront forcer le navire de venir à un port à eux convenable, mais devront aussi-tôt déclarer le dit navire libre, & ne l'empêcheront en aucune maniere de poursuivre librement & sans retard le cours de sa destination.

---

stol, à 45. degré de largeur & 350. de longeur. Cette nouvelle fut apportée par le Capitain Hollander, arrivé à Vlieſſingen, & qui étoit parti avec ces deux vaiſſeaux de St. Euſt. mais son vaiſſeaux n'ayant pas trouvé de charge à St. Euſtache, les Capres l'ont laiſſé, disant, qu'ils meneroient les deux autres vaiſſeaux à Neuwjorc, apparement pour y en venir promptement à la Confiscation.

On a eu la nouvelle de ces dix vaiſſeaux dans le tems du 26. au 29. Juillet. Par où on peut juger de l'état malheureux où se trouve la Navigation.

(XI.)

MEMOIRES

POUR SERVIR 'A

L'HISTOIRE

DE NOTRE TEMS,

PAR-RAPPORT AUX DISSENTIONS PRE-SENTES ENTRE LA GR. BRET. ET LA REP. DES PROVINCES UNIES.

(XI.)

SUITE DU TRAITE' DE MARINE DE 1674. ENTRE LA COURONNE DE LA GRANDE-BRETAGNE ET LEURS HAUTES PUISSANCES.

Ensuite de cela a été convenu, que tout ce qui se trouvera être chargé, par des Sujets de sa Majesté, dans un navire quel qu'il soit, appartenant aux Enne-mis des Seigneurs Etats, quoique ce ne soient point de ces sortes de marchandises défendues, elles pourront être confisquées absolument: ce-pendant sera tenu pour franc & libre tout ce qui se trouvera être chargé dans des vaisseaux appartenants aux Sujets de Sa Majesté, quand

L   mê-

même toute la charge, ou une partie d'icelle, appartiendroit entièrement aux Ennemis des Seigneurs Etats, excepté les marchandises de Contrebande, lesquelles si on les découvre, sera le tout reglé selon le sens des Articles precedents. De la même maniere sera confisqué tout ce qui se trouvera être chargé, par des Sujets des Seigneurs Etats, dans quelque navire appartenant aux Ennemis de sa Majesté, quoique ce ne seroit point de ces sortes de marchandises qui sont defendues; & par contre, tout ce qui se trouvera chargé dans des navires appartenants aux Sujets des Seigneurs Etats, sera regardé pour franc & libre, quand même toute la charge ou partie d'icelle, appartiendroit entierement aux Ennemis de Sa Majesté, excepté les marchandises

ETAT OU LISTE DES VAISSEAUX qui allant directement de Curacao & de St. Eustache, ont été pris par les Anglois, & qui provisionellement sont rétenus sous divers Pretexts frivoles, & maltraités, volés, pillés même d'une manière excessive, sans qu'on sache jusqu'ici, quel en sera la fin, & par où l'Etat est mis dans une dépense que les habitans ne peuvent plus soutenir, tout au contraire des Traités non seulement, mais aussi du Droit des Gens, qui permet, qu'en tems de Paix, on peut apporter dans son Païs telles Marchandises qu'on juge à propos, sans être molesté ou rétenu par quelques autres.

ſes de Contrebande, au ſujet deſquelles, ſi on les découvre, ſera agi conformement aux Articles ſuſdits.	Et pour que l'une des Puiſſances contractantes, étant en Paix, ne reçut d'hazard quelque dommage, quand il arrriveroit que l'autre Partie entrât en guerre, pour ces cauſes il eſt convenu & accordé, qu'un vaiſſeau, appartenant aux Ennemis de l'une des deux Parties, & qui ſeroit chargé d'effets appartenants aux ſujets de l'autre Partie, que cela ne cauſera pas que ces effets ſoient ſujets à confiſcation, ſi ces effets ont été chargés avant l'expiration des ci-deſſous ſpecifiés termes & jours après la denonciation ou Declaration de Guerre: ſavoir, ſi les effets ſont chargés dans quelque Havre ou Port ſitué entre la determination nommée *the Soundinghs* & la détermination nommée en Norwegue *Naz*, avant l'expiration de ſix ſemaines après ladite Declaration de Guerre, de deux

L 2

mois

Num. 1. *Le vaiſſeau* LA GALERE D'AMSTERDAM, *Capitaine Martin Boolen venant de St. Euſtache, chargé de Sucre, Caffé, Cotton, des peaux &c. fut pris par un Capre Anglois de Briſtol, appellé* LE DUC *de* CORNWAL, *Capitaine David Jenkins, & mené à Falmouth, où le Capitaine, le Pilote & quelques uns des matelots furent examinées; & après que le Capitaine eut fort ſouvent demandé d'être relaché, on lui répondit:*

mois entre ladite determination *the Soundinghs* & la Ville de Tanger, de dix femaines dans la Mediterranée, ou de huit mois en tous autres endroits du monde, ne pourront aucune Marchandife ou Effet qui appartiendroit aux Sujets de fa Majefté, & qui feroit chargé dans quelque navire que ce foit, qui fût ennemi des Seigneurs Etats, étant pris ou decouvert, être confifqué fous ce pretexte ou motif, mais fera fans retard reftitué aux proprietaires; à moins que telles marchandifes ou effets ne fuffent chargées après l'expiration des fufdits termes: tellement, cependant, que ces marchandifes hommées de Contrebande, & qui pour raifon dite ci deffus ne peuvent être confifquées, n'ôferont neanmoins être tranfportées à quelque Havre ou Port ennemi.   Par-contre ne pourront dès

Mar-

---

dit: que les lettres avoient eté envoiées à la faculté juridique, pour être porté à la Cour, & que les Proprietaires des Capres ne pouvoient relacher les vaiffeaux avant que les Docteurs en ayent pris connoiffance.   Le Capitaine alla donc à Londres pour y redemander le vaiffeau & la charge, où il arriva le 30. Juin 1758. Au commencement de juillet il fit redemander le vaiffeau & la charge &c. mais l'affaire eft encore pendente. Ce vaiffeau & la charge eft eftimé à   fl. 250000.

Marchandises ou effets qu'on aura pris ou decouvert dans quelque navire ou bâtiment appartenant aux Ennemis de sa Majesté, être confisquées, sous ce pretexte, mais seront sans retard remises aux propriétaires, à moins que ces effets n'eussent été chargés après l'expiration des termes & jours susdits ; tellement cependant, qu'après cela ces effets nommés de Contrebande, & non confisqués pour raison susdite, n'ôseront être transportés dans quelque Havre ou Port ennemi.

9. Pour qu'il soit pourvu abondamment à la sureté des Sujets de sa Majesté & de ceux des Seigneurs Etats, afin qu'il ne leur soit fait aucun tort par des vaisseaux de guerre, ou autre equipé par des particuliers, & qu'ils ne soient attaqués ; pour ces causes sera deffendu à tous Capitaines, tant de sa Majesté que des dits Seigneurs Etats, & de leurs sujets qui pourroient

L 3

avoir

Num. II. *Le vaisseau* LA CONCORDE, *Capitaine* Tide Pronk (*qui est demeuré à St. Eustache*) *fut conduit au retour par le Pilote* Evert Laurens. *Il partit d'Amsterdam au mois d'Octobre* 1757. *pour St. Eustache directement ; où ayant chargé pour le retour du Sucre,* Caffé Cotton &c. *destiné pour Amsterdam,* il fut pris à la hauteur de Sorlings par un Capre Anglois appellé SPEY, Capitaine Griemse, armé de 22. Canons à 6. livres, 14. & autres bouches à feu,

avoir équipés des vaisseaux à leurs dépens, comme aussi aux Compagnies privilégiées, reciproquement, de ne faire aucun tort ou dommage à l'autre Partie ; & en cas qu'ils vinssent à enfreindre cette defense, ils seront punis, & en outre obligés d'indemniser le dommage pour le fonds & les intérêts, par reparation & restitution, sous cautionnement de leur personne & de leurs Biens.

10. Pour cet effet tous Commandants des Navires équipés en Guerre pour compte de particuliers, seront obligés avant qu'ils reçoivent leurs Lettres de Mer & leur Commission speciale, de donner Caution suffisante par des

per-

& cent cinquante hommes d'équipage. On le mer a à Leverpool le 25. Juin 1758. Le Capitaine faisant son rapport, il écrit, que le Capre avoit mis le Pavillon Anglois au vaisseau mentioné LA CONCORDE outre le Pavillon du Prince ; qu'ils étoient mal traités d'eux, & obligés d'être comme des gueux, sans leurs propres habits ; que les gens du Capre donnoient à l'équipage Hollandois de l'argent, les enniuroient, leur donnoient des filles, pour obtenir des explications à leur gré ; & qu'ils offroient, pour la même raison, de l'argent & des montres d'or aux officiers. Ainsi ce vaisseau qui est fort riche, y est rétenu, sans qu'on sache ce qu'il en deviendra. Il est estimé avec sa charge au moins à　　　　*fl. 500000.*

perſonnes reconnues être en état de payer, &
qui n'auront aucun intérêt par-rapport à ce vaiſſeau, & cela par-devant leur juge competent,
pour la ſomme de mille & cinq-cent livres ſterling, ou ſeize-mille & cinqcent florins d'Hollande; mais ſi le vaiſſeau eſt monté de plus de
cent-cinquante hommes, alors la caution ſera
prêtée pour trois-mille livres ſterling, ou tren-
te-trois-mille florins: qu'ils ſatisferont pleinement chacun pour ſoi, & un chacun pour tous,
tout tort & dommage, qu'eux, ſoit Officiers
ou ceux qui ſont ſous leur Commandement feront en ce voyage, qui ſoit contraire au Traité
preſent ou ceux qui ſeroient conclus dans la
ſuite entre ſa Majeſté & les Seigneurs Etats ſus-
dits; ſous peine de revocation & Caſſation de
leurs Lettres de Mer & Commiſſion, dans lesquelles ſera toujours inſeré qu'il exiſte telle caution, prêtée par eux. Au ſurplus eſt reſolu,

L 4

que

Num. III. *Le vaiſſeau* LA PRINCESSE
GOUVERNANTE, *Capitaine* Henning Vos,
*parti d'Amſterdam directement pour Curaçao,
où ayant vendu ſa charge, & chargé pour ſon
retour directement dirigé à Amſterdam, rencontra
un Capre Anglois le* 19. *de Juin* 1758. *entre
Wigt & Beveſier, qui menaçant de mort le Capitaine & tout l'Equipage s'ils ſe remuoient, en-
cloua les Canons, jetta en mer les armes à
feu,*

que le Navire même sera obligé de servir à donner satisfaction pour le tort & dommage qui aura été fait.

II. Sa Majesté & les dits Seigneurs Etats voulant traiter les Sujets l'un de l'autre dans leurs Pays respectifs, d'une & même maniere favorable, comme s'ils étoient leurs propres Sujets, donneront les ordres nécessaires & bien expressement, que selon la plus exacte justice & equité soit rendu justice par-rapport aux Prises, & cela par des juges absolument non suspects, & qui ne sont aucunement interessés dans l'affaire en litige; sa Majesté & les Seigneurs Etats donneront ordre & charge de la maniere la plus obligatoire, que toutes sentences données ou à donner, soient duement & selon leur teneur & contenu mis en exécution, & que l'effet s'ensuive.

12. S'il

---

feu, deroba la plus grande partie de l'argent comptant & de l'Indigo. Le 20. Juin il fut attaqué d'un autre Capre appellé Blenheim, Capitaine James Merrefield, qui a mené le vaisseau à Duyns le 21. de Juin. Le Capitaine a fait protestation, sans obtenir la permission d'aller à son vaisseau; ils ont transporté le vaisseau de Duyns à Londres; ils cherchent aussi de corrompre les matelots, par de l'argent, comme ils ont aussi offert, aux passagers 500. Liv. Sterlings afin de

les

12. S'il arrivoit que les Ambassadeurs des dits Seigneurs Etats, residents à la Cour du très-grand Prince le Roi de la Grande Bretagne, portassent des plaintes contre les Jugements rendus; en ce cas, sa Majesté aura soin de faire revoir les dits Jugements, les faisant examiner, à telle fin qu'il apparoisse si on a observé les ordres & clauses qui se trouvent dans le present Traité, & si le tout a eu son entier effet; sa dite Majesté aura soin aussi qu'il y soit pourvû, afin que tout un chacun qui portera plainte, obtienne Justice avant l'échéance du terme de trois mois.   Pareillement, si les Ambassadeurs de sa Majesté, residents avec caractere public auprès des Etats Generaux, portent des plaintes contre les Jugemens rendus, les dits

L 5

Etats

---

les engager à déclarer que la charge étoit pour le Compte des François. Ils sont assez impudens, de le faire publiquement, cela paroit par une lettre d'un des passagers, qui mande: qu'il lui avoit etc offert 500. Liv. Sterlings de la part du maitre des Comptes du Capre Notariael, qu'il rendroit tous ses Effets & ceux de ses Correspondens, & tous les fraix seroient payés pour lui, s'il faisoit une declaration à leur gré.   Tout cela peut etre demontré par des lettres originales.   Le vaisseau cependant demeure arrêté, sans qu'on sache ce qu'il deviendra.   Le vaisseau & la charge est estimé au moins à   fl. 300000.

Etats auront foin , dans l'Affemblée des Etats Generaux, que la Revifion s'en faffe, tellement qu'il apparoiffe fi les ordres & claufules contenues dans le prefent Traité, ont été obfervées; afin que dans cette affaire foit pleinement fait Droit, & que tout & un chacun qui fe plaint obtienne Juftice avant l'écheance du terme de trois mois.   Cependant il ne fera pas permis, que les Effets qui font en litige foient vendus & débarqués d'abord après les dits Jugements & avant que la Revifion d'une des deux Parties foit parachevée, à moins que l'autre Partie qui y a intérêt n'y confente.

13. S'il eft mû quelque Procès entre Parties, dont l'une a fait quelque Prife, que l'autre reclame, & que fentence foit rendue en faveur de la Partie reclamante, en ce cas la Sentence fera exécutée fous caution, non - obftant l'Appel à plus haute Inftance par la Partie qui a fait la Prife; mais ceci n'aura pas lieu fi la fentence feroit rendue contre la Partie reclamante.

14. Et

Num. IV. *Le vaiffeau de* CURAÇAOSE VISSER, *Capitaine* Jacques Viffer, *eft parti d'Amfterdam à Curacao directement, où il a vendu fa charge, & pris à bord d'autres effets pour le Retour, deftiné de Curacao directement à Amfterdam, a rencontré le* 14. *de Juin* 1758. *un Capre Anglois, nommé* LE BRISTOL, *Capitaine*

14. Et d'autant que les Bateliers des vaisseaux marchands, comme aussi les matelots & les Passagers, souffrent souvent beaucoup de désagrément & même des cruautés barbares, quand ils tombent entre les mains des Armateurs en Guerre, & que ceux qui les prennent en agissent envers eux avec beaucoup d'inhumanité, pour les obliger à telle déclaration qui leur convient; pour ces causes a été convenu, que tant sa Majesté que les Seigneurs Etats Generaux, deffendront de telles violences & inhumanités par des Loix très rigides, & tous & tant qui seront trouvés coupables de pareilles choses seront punis par dues & justes peines, qui soient suffisantes pour imprimer une crainte efficace, & qu'ils puniront sur-tout grièvement & conformement à la qualité du Cas, & demettront de leurs Emplois tous Batteliers & Officiers, qui seront trouvés avoir fait pareilles violences, soit qu'ils l'ayent fait eux-mêmes, ou qu'ils ayent permis le fait. Au reste, les Navires qui auront été pris,

&

---

pitaine Giles, qui l'a pris & mené à Dartsmouth, sous prétexte que le Sucre, Caffé & Indigo, qui est à bord de ce vaisseau, quoique embarqué à Curaçao, venoit de l'Amerique Françoise.   On a taché de surprendre les matelots par mille questions captieuses: deux hommes de l'equipage avoient fait une deposition, sans que le Capitaine

ſa-

& dont les matelots ou Paſſagers auront ſubi la queſtion, ſeront d'abord relâchés & déclarés libres, avec exemption de toute ulterieure recherche & Action, tant en judicature que hors d'icelle.

15. De plus a été convenu, que pareilles grandes peines ſeront ſtatuées contre tous ceux, qui enfraindront l'Article vingt-un du Traité de Breda, en acceptant des Commiſſions des Ennemis pour prendre des vaiſſeaux Amis, ce qui eſt deffendu dans ledit Article.

16. Enfin, a été accordé & arrêté, que le preſent Traité, avec tout ce qui y eſt contenu, ſera au-plûtôt poſſible ratifié & mis en force, & que les Ratifications expediées pour ce Traité, ſeront échangées dans le terme de deux mois après la date d'aujourd'hui; & ſera, dans le terme d'un mois après l'échange des Ratifications, faite due expedition du preſent Traité, tant d'une part au Gouverneur des Compagnies Angloiſes qui font Commerce aux Indes Orientales

---

ſache ce qu'elle contient; on avoit cru, que le vaiſſeau ſeroit dechargé ſans autre forme de procès; mais ſuivant les dernieres lettres on lui fait le Procès ordinaire devant la Cour de juſtice (Doctor Commons): cependant les Anglois ont déja coupé une grande partie du Cordage qu'ils en ont oté.   Le vaiſſeau avec la carguaiſon eſt eſtimé tout au moins à   fl. 500000.

les & en Afrique, que de l'autre part aux Directeurs des Compagnies Hollandoises, qui pareillement font Commerce aux Indes Orientales; & fera pareillement, tant de la part de fa fufdite Majefté, que de la part defdits Seigneurs Etats, envoyé le dit Traité par la premiere occafion, aux Gouverneurs & Superieurs des Colonies & Places dans chaque Partie du monde fituée hors d'Europe, afin que ce Traité foit obfervé & exécuté etroitement de tout & un chacun qui vivent fous leur Domination & Autorité.

FOR-

Num. V. *Le vaiffeau le* St. JACQUES *Capitaine* Claas Hoek, *venant de St. Euftache, deftiné directement pour Amfterdam, charge de Sucre, Caffé, Cacao, Cotton, Tabac & Indigo, étant venu entre Engelands End & Heyfant, le mois de Mai* 1758. *rencontra un Capre* LA RESOLUTION, *Capitaine* David Winke, *qui l'a mené à Leperpool, le Capre difant: que Sa Majefté de Grande Bretagne avoit permis d'enlever tous les vaiffeaux venans de St. Euftache & Curacao. On l'a enlevé fous un Pavillon Anglois & François. Le Capitain & l'equipage a eté fort mal traité par les Anglois; ils les ont battu, pris tous les papiers, confumé le meilleur de ce qui fe trouvoit dans le vaiffeau: le Refte étoit bon pour les chiens Hollandois. On a tiré*

les

FORMULAIRE DES LETTRES DE MER,

Qui doivent être demandées & expédiées auprès du Seigneur Grand - Amiral, ou auprès de ceux à qui la Jurisdiction des Affaires Maritimes & la Justice ordinaire a été confié, soit Baillif ou Grand - prévôt, ou autre haut Magistrat, les Commissaires ou autres principaux Officiers des Accises, dans leurs Havres, Ports ou Places respectives, situées sous la Domination de sa Majesté, pour tous Vaisseaux & Bâtimens qui de là voudront faire voile: selon le cinquieme Article du présent Traité.

A tous ceux à qui ces presentes seront produites, Salut.

Nous . . . . . . Amiral . . . . . . Nous Commissaires tenans la place du Grand - Amiral . . . . ou Nous . . . . . . Juge . . . . . au haut Tribunal de l'Amirauté, ... ou Nous Grand-Prévôt ou Baillif, ou Magistrat . . . . ou Nous Commissaires ou Officiers principaux des Buraux d'Accise de la Ville, ou à la

les effets hors du fonds, ouvert les tonneaux, les a percé de broches, presenté de l'argent au Capitain & au Pilote, envoié les papiers à Londres, personne des matelots ose venir à bord du vaisseau, cependant il demeure arrêté, sans qu'on sache ce qu'il deviendra. Vaisseau & carguaison est estimé à   fl. 100000.

la Rade ou Port, temoignons & faisons savoir que
N. N. Maitre ou Battelier du Navire nommé
. . . . a comparu par-devant nous, & a
déclaré sous Serment solemnel que ledit Vaisseau
ou Bâtiment . . . . de . . . . . plus
ou moins (qu'on nomme communement Tonneaux) . . . . . dont il est actuellement Maître ou Battelier , appartient aux Sujets . . . . .
sous la Domination du très-grand & très-puissant
Prince ; le Roi d'Angleterre, d'Ecosse, France
& Irlande, Defenseur de la Foi, &c. *aussi veritablement le Tout-puissant lui soit en aide.* Et
comme il nous seroit très agreable que le susdit
Battelier reçoive tout aide & secours pour tout
ce qu'il entreprendra de juste & raisonnable ,
nous prions un chacun, là où le dit Maitre ou
Battelier arrivera ou se trouvera avec son Navire
& sa charge, qu'on le reçoive favorablement &
avec bonté, & que moyennant le payement legitime

Num. VI. *Le vaisseau* MARIA THERESIA,
*Capitaine Tierk Beyart venant directement de St.
Eustache, destiné pour Amsterdam, chargé de
Sucre, Caffé & Cotton, a rencontré sur le 48. degré 46. min. de largeur, 6me. degré 28. min. de
longueur, un Capre Anglois de 34. Canons, &
200. hommes environ, nommé: le DUC DE
CORNWALL, Capitaine David Jenkins, apartenant à Monf. Noble à Bristel.   On l'a emmené*

gitime des Droits ordinaires &c. il puisse entrer, rester, dans vos Ports, Rivières & Domaines, & en sortir, & user de tout Droit de Marine, Marchandise, Commerce, en tous endroits qui lui paroîtront le meilleur & plus utile pour lui, étant par contre prêt à temoigner parfaite reconnoissance en tout tems : & pour à ce donner plus de foi & croyance nous avons le present acte signé de nôtre propre main, & muni du Scel de nos Armes.   Donné . . . . jour . . . . l'an de Grace.

à Falmouth.   Le Capitaine a protesté; on lui a pris tous ses papiers, & le vaisseau demeure arrêté. Le Capitaine est allé lui même à Londres, pour y faire sa déclaration assurée avec serment. L'affaire à eté remise au Conseil de justice (Doctor commons) pour être jugé.   Le vaisseau cependant est arrêté depuis le 6. May, sans qu'on sache jusqu'ici, quelle issue l'affaire aura. Le vaisseau avec le cargaison est estimé à   fl. 100000.

(XII.)

MEMOIRES

POUR SERVIR 'A

L'HISTOIRE

DE NOTRE TEMS,

PAR-RAPPORT AUX DISSENTIONS PRÉSENTES ENTRE LA GR. BRET. ET LA RÉP. DES PROVINCES UNIES.

(XII.)

SUITE DÜ TRAITE' DE MARINE DE 1674. ENTRE LA COURONNE DE LA GRANDE-BRETAGNE ET LEURS HAUTES PUISSANCES.

FORMULAIRE DES LETTRES DE MER,

A demander & être expédiées auprès les Bourgue-maîtres des Villes & Ports des Provinces-Unies des Pays-bas, pour tous Vaisseaux & Bâtimens qui en feront voile, selon le dispositif du cinquieme Article du present Traité.

Très-illustres, Illustres, Très-puissant, Très nobles, Très-honorables, Très-prudents Seigneurs, Empereurs, Rois, Républiques, Princes, Ducs, Comtes, Barons, Seigneurs, Bourguemaîtres, Esche-

vins,

vins, Conseillers, Officiers, Justiciers & Regents de toute Ville & Place, tant Ecclésiastiques que seculiers, qui ces presentes verront & liront: Nous Bourgemaîtres, Juges de la Ville - - - - - - - - faisons savoir - - - que le Batelier du Navire - - - a comparu par-devant nous, & a declaré par serment solemnel, que le Navire - - - nommé - - - - - grand environ - - Last, plus ou moins - - - dont il est actuellement maître, appartient aux habitans de ces Provinces-Unies, *aussi veritablement Dieu tout-puissant lui soit en aide.* Et comme il nous seroit très-agréable, que fût donné au dit Batelier tout aide pour ce qu'il entreprendra de juste & raisonnable, là où ledit maitre ou Batelier se trouvera ou arrivera avec son navire & sa charge, & qu'il y soit reçu favorablement & avec bonté, & que moyennant legitime payement des Droits ordinaires &c., il puisse entrer, rester dans vos Ports, Rivieres & Domaines, & en sortir, & user de tout Droit de Marine, de Marchandise, Commerce, en toutes

Num. VII. *Le vaisseau* L'ESPERANCE, *Capitaine* Cornelis Bakker, *venant directement de St. Eustache, destiné pour Amsterdam, chargé de Sucre, Caffé &c. a rencontré un Capre Anglois appellé* BLEINHEIM, *Capitaine* Marrifield, *monté de* 36. *Canons, & appartenant à*

un

tes Places où lui paroîtra le meilleur & le plus utile; étants prêts d'en temoigner une parfaite reconnoiſſance en tout tems: & pour ce d'avantage aſſurer & faire être de foi, avons ſigné de nôtre main le preſent acte, & l'avons muni de notre ſcel.　Donné - - - - jour - - - - -

Pour plus grande aſſurance & autorité de tout ceque ſuſdit, & de chaque point ſuſdit, nous les ſuſdits Commiſſaires tant de ſuſdite Majeſté que des ſuſdits Seigneurs Etats-Généraux, étants munis de plein pouvoir pour cela, l'avons ſigné & muni de notre ſcel.　A Londres le premier jour de Decembre mille ſix ſent ſoixante - quatorze:　Etoit ſous-ſigné de differentes mains.

Tho. Culpeper	(L.S.)	(L.S.)	J. Corver.
G. Downing.	(L.S.)	(L.S.)	G. Sautyn.
Richard Ford.	(L.S.)	(L.S.)	Samuel Beyer.
Will. Thomſon.	(L.S.)	(L.S.)	An. vanVoſſen.
John Buchworth.	(L.S.)	(L.S.)	M. Michielſen.

M 2　　　　　　Dans

---

un Mr. Smit à Londres. Il fut emmené à Portsmouth, tous ſes pappiers ont eté pris & envoiés à Londres, comme auſſi le vaiſſeau a eté emmené à Londres, où il eſt apreſent, ſans qu'on ſache, ce qu'il en deviendra.　Ce vaiſſeau avoit deja eté enlevé à l'Isle de Rhodes, ou après que les Procedures furent faites, il a eté abſous.　Ce vaiſſeau eſt eſtimé avec ſa charge à　　　　fl. 150000.

Dans une explication faite du dit Traité le
30. Dec. 1675. à la Haye entre Sa Majesté de
Gr. Bret. & Messieurs les Etats Généraux, il a
été reglé „ que les sujets de côté & d'autre peu-
„ vent en vertu de ce Traité passer, naviger &
„ trafiquer non seulement des places neutres
„ aux places ennemies, ou des places ennemies
„ aux neutres; mais aussi d'une place ennemie
„ à l'autre, soit que ces places appartiennent à
„ la Puissance avec laquelle l'un des alliés est en
„ guerre, ou qu'elles appartiennent à d'autres
„ Puissances, *voyez Corps Diplomatique* Tom.
VII. P. I. p. 319.

Et cette Explication du Traité aussi-bien que
le Traité de 1674. même a été confirmée par
le dernier Traité entre le Roi de la Grande Bretagne

Num. VIII. *Le vaisseau* LA VIGILANCE,
Capitaine Pierre Paauw *est parti d'Amsterdam
directement pour St. Eustache, & de St. Eustache destiné directement pour Amsterdam, chargé de Sucre,
Caffé &c. Il a rencontré dans le Canal 2. Capres
Anglois dont on ne donne pas les noms. Ils l'ont
mené à Deal, lui ont pris ses papiers, & transporté le vaisseau à Londres. Il mande, que les
Capres avoient Ordre d'enlever tous les vaisseaux
venant de St. Eustache & Carracao; qu'il ne savoit pas, ce qu'on en feroit, & qu'il trouvoit
fort dur d'en user ainsi avec des Alliés. Ce vaisseau avec la Carguaison est estimé à fl. 250000.*

tagne régnant à-préfent, & Leurs Hautes Puiffances, conclu à Weftmunfter le 27. May 1728.
avec cette addition.

*Quoniam vero difceptationes quædam incide-
rint de Articuli duodecimi Tructatus marini
præmemorati anni 1674. explicatione, conventum
conclufumque itidem eft, ad expediendum omnem
ea de re difficultatis nodum, hifce declarare, quod
per revifiones in dicto Articulo defignatas intelli-
guntur ea, quæ in Magna Britannia, atque in
Provinciis fœderatis ufu recipiuntur, femperque
recepta fuerunt, quaque conceduntur, femperque
conceffa fuerunt eodem in cafu Regionum prædicta-
rum Incolis Nationi cuicunque extraneæ.*

Dont le fens eft :

„ Que par ces Revifions dont il a été fait
„ mention dans le XII. Article du Traité de
„ 1674. on n'eutend autres que celles qui font,
„ & qui ont été à tout tems en ufage en Gr.
„ Bret. & dans les Provinces-Unies ; & qui en
„ pareil cas font concedées & feront à tout tems
„ concedées aux habitans des fusdits pais, &
„ aux Nations etrangères.

M 3

Avis

Num. IX. *Le vaiffeau, la* CATHARINE
MARIE GALEY, *Capitaine* Jacques Geftloff
*venant directement de Curacao, & deftiné pour la
ville d'Amfterdam, chargé de Sucre, Caffé, Cacao, Indigo & autres produits, a rencontré le*

Ca-

AVIS

TOUCHANT LA

LETTRE DU CHEVALIER TEMPLE.

CEtte Lettre a été écrite lorſque nôtre Etat étoit en guerre avec la France, mais la Grande Bretagne en paix avec cette couronne. Les ſujets de la Grande Bret. firent alors préciſement ce que nous faiſons à cette heure: ils navigeoient, ils trafiquoient aux Places Françoiſes, & tranſportoient dans leurs vaiſſeaux des effets François: ce qui étoit auſſi prejudiciable à nôtre République, qu'il étoit avantageux pour la France, qui fut mis en état par ce moyen de pourſuivre la guerre avec vigueur. Le Grand-Penſionaire d'alors

Capre Anglois la Reſolution, Capitaine David Winke, *qui l'a pris & mené à Leverpool, où il eſt depuis le Mois de May, fort maltraité: Les ponts ouverts par force; une grande partie des Effets tirés ſur le tillac, les balles ouvertes, les tonneaux d'Indigo & Cacao vuides; Le vaiſſeau même endommagé; & quand le Pilote vint au bord, pour prendre inſpection, on lui a mis une corde au Cou, diſant: qu'on le pendroit, s'il ne s'en alloit pas, & s'il oſoit revenir il ſeroit percé. Ils ont auſſi offert de l'argent aux gens, pour qu'ils diſent que c'etoient des Papiers François &c. Le vaiſſeau & carguaiſon eſt eſtimé à* ſl. 350000.

lors *Caspar Fagel*, & autres Ministres de la République firent des plaintes contre ce Préjudice ; Mais l'Ambassadeur d'Angleterre, *Temple*, & la Cour d'Angleterre en general, soutinrent, qu'ils avoient la liberté & le Droit de naviger & de commercer par' tout, en vertu du Traité de Breda du 31. Juillet 1667. & des Articles II. III. IV. & X. du Traité de Marine conclu par le Chevallier William Temple le 17. Juillet en 1668. Dans ces Traités il est arrêté „ que la „ liberté de Commerce & de Navigation s'é- „ tendroit à toute sorte de Marchandises excepté „ munitions de guerre ; & à toutes les places, „ mêmes ennemies, pourvûqu'elles ne soient „ bloquées ou assiegées. Et que les Marchan- „ dises ennemies dans un vaisseau ami ne seroi- „ ent point sujets à la confiscation, mais libres. (Voyez *Corps Diplomatique Tom. VII.* P. I. p. 49, 74.). Ces deux Traités furent confirmés

M 4   par

Num. X. *Le vaisseau* ELISABETH, *Capi-taine Michel Jacobsz, venant directement de St. Martin, Colonie Hollandoise, & destiné pour Amsterdam, chargé de Sucre, Caffé &c. fut pris le* 3. *de Juillet dans le Canal près de Bevesier eloigné de* 4. *Lieues de terre, par un Capre Anglois nommé* LE PRINCE FERDINAND, *Capi-taine Robert Killk, & mené à la Rade de Hastinch. Après l'avoir examiné, & fait faire dé-*

cla-

par le Traité de Paix du 19. Febr. 1674. Mais
le dernier pour neuf Mois seulement, (voyez
Corps Dipl. Tom. VII. P. I. p. 253.) parcequ'on
avoit dessein de faire un nouveau Traité de Marine, auquel les Anglois surtout insistoient,
pour en tirer dans les Circonstances d'alors,
des avantages fort considerables, comme cela se
prouve par la lettre suivante. Cependant Mr.
Temple insistoit sur la navigation libre, en vertu des Articles de 1668. & il paroit par cette
lettre & par le fameux Traité de Marine conclu
le 11. de Dec. 1674. que les Anglois sont par-
venu à leur but.   Les Articles du Traité dont
il est tant parlé à présent, furent formés selon l'intention des Anglois, qui en profiterent les pre-
miers, parceque l'Etat étoit alors en guerre avec
la France.   L'Etat accorda tout, esperant que
quand un jour il arriveroit, que la Gr. Bret.
feroit engagée dans une guerre, & que nous
fus-

---

claration, on l'a transporté le 5. Juillet au port
de Rey ; on s'est emparé du vaisseau & de tous
les Papiers. Le Capitaine mande, qu'il ne croyoit
pas, que le vaisseau sortiroit jamais du port,
parcequ'il est poussé de tous cotés, ce qui le feroit
briser; & non obstant que le Capitaine fût sai-
gné, on l'a enlevé de nuit par force, mis sur ter-
re, & traité comme si on vouloit le pendre,
bruler &c. Le vaisseau & Carguaison est esti-
mé à   fl. 100000.

fuſſions en paix,   nous jouirions à nôtre tour
du même privilege du pouvoir, & de la liberté
que donne le Traité à l'une des Puiſſances comme à l'autre dans des cas ſemblables.   La Lettre de Mr. Temple prouve évidemment que
c'etoit là l'intention.   Ce n'eſt pas la prémière
fois que nous ſommes dans le cas de pouvoir
jouir des avantages de ce Traité ; Mais les Anglois nous ont toujours empêché, quoique jamais avec tant de violence qu'à-preſent ; c'eſt
pourquoi il n'a jamais été ſi néceſſaire, que l'in-
juſtice de leur Conduite ſoit publiée à tout le
monde, & reprimé par tous les moiens permis.
On compte entre ces moyens legitimes la pub-
lication de cette lettre authentique, pendant que
le commerce opprimé deſire avec ardeur de la
part & des mains des Superieurs, des moiens
plus efficaces & propres à prevenir la Ruine totale des Citoiens de nôtre République.

M ſ Pour

Num. XI. *Le vaiſſeau* L'AMITIE' *Capitaine*
Chretien Barteld *venant directement de St. Mar-*
tin Colonie Hollandoiſe, & deſtiné pour Amſter-
dam, chargé de Sucre, Caffé &c. a rencontré 2.
Capres Anglois, *dont l'un l'a pillé & l'autre emme-*
né à Douvres.   Le vaiſſeau & carguaiſon eſt
eſtimé à   *fl.* 100000.

Pour prouver que le sens que **nous donnons** au Traité de 1674. est le même dans lequel il a été conçu par les Anglois, peut servir aussi la déclaration du 30. Dec. 1675. telle qu'elle est comprise dans l'extrait suivant de la Resolution des Messieurs les Etats de Hollande du 16. Janvier 1676. La voici:

AYANT reçu une lettre de Messieurs les Etats Généraux des Provinces - Unies écrite ici à la Haye le 3me. de ce Mois Janvier, où est joint certain point sur les Articles conclus entre Mr. Temple Ambassadeur extraordinaire de Sa Majesté de Gr. Bret. d'un coté, & les Députés de Leurs Hautes Puissances de l'autre coté, touchant la Clause: de *Libre vaisseau, libre Marchandise*, allant d'un port libre à l'autre; Nous ajou-

---

Num. XII. *Le vaisseau* LA PRINCESSE CAROLINE *Capitaine* Pierre Brouwer, *venant directement de St. Eustache destiné pour Amsterdam, chargé de Sucre, Caffé &c. a eté pris sur la hauteur de Sorlings par un Capre Anglois apartenant à la Ville de Leverpool. Il y a eté mené le 25. Juin, non obstant la protestation. Les Capres ont tiré les Sacs de Caffé sur le tillac, pour voir s'il y avoit des Lettres Françoises, levé les Pompes, emporté un tonneau de Sucre, & semblables fourberies, contre lesquels le Capitaine a encore protesté. Ils ont offert au Pilote & Charpen-*

ajoutons donc le susdit Point à l'Article inseré ici, démandant, que Leurs Nobles & Grandes Puissances communiquent au plus-tôt leur Ratification à la Géneralité. Après avoir deliberé là-dessus, il a été resolu: de la part de L. N. & Gr. Puissances, que la Généralité dirige l'affaire de manière, afin que la Ratification necessaire de la Lettre Leurs Hautes Puissances, sur le susdit Point de l'Article puisse être expedié au plus-tôt, & puisse être échangée dans le terme presix, contre l'acte pareillement ratifié par Sa Majesté le Roi de la Grande Bretagne.

Voici le nouveau Point ou l'Article susmentionné.

Com-

---

pentier, 200. *Liv. Sterlings pour leur faire dire: qu'ils avoient des effets François à bord. Ce vaisseau avec la charge est estimé à* fl. 100000.
Num. XIII. *Le vaisseau* AMSTERDAM, *Capitaine Jean Govan, venant de Cork en Irlande chargé de viande & autres produits Irlandois destiné pour St. Eustache, a été pris sur la hauteur de Grande Terre par deux Capres Anglois, l'un appellé* Sturdy, *Capitaine Robbers Trouppe, & l'autre* Hibernia *Capitaine Roger Smit, & mené à Antigoa, où vaisseau & charge fut reclamé; mais on trouva bon de les confisquer: il a été appellé de cette sentence aux Lords à Londres, où la cause est encore pendante. Vaisseau & charge est estimé à* fl. 30000.

COMME il est survenu quelque difficulté sur l'interpretation de quelques Articles tant du Traité de Marine, conclu le premier jour de Decembre 1674. que de celui conclu 17. Févr. 166⅞. entre Sa Majesté de la Grande Bretagne d'une part, & les Etats Generaux des Provinces Unies des Pays-bas de l'autre, touchant la Liberté des Sujets de l'une & de l'autre partie, de Trafiquer aux Ports des Ennemis de l'un & de l'autre; Nous Guillaume Temple, Chevalier Baronnet, Ambassadeur Extraordinaire de Sadite Majesté de la Grande Bretagne, au nom & de la part de sa dite Majesté, & Nous Guillaume van Heukelom, Daniel van Wyngaerden, Seigneur de Werckendam &c. Caspar Fagel, Conseiller Pensionaire de Hollande & de West-Frise, Jean de Mauregnault, Jean Baron de Reede & de Renswouden, Guillaume de Haren, Grietman du Bilt, Henry ter Borch, & Lucas Altingh, deputés en l'assemblée desdits Seigneurs Estats Generaux, de la part des

Etats

Num. XIV *Le vaisseau* MARIE & ELISA-BETHE, *Capitaine* Christoffle Binkenberg, *venant de St. Eustache, destiné directement pour Amsterdam, a rencontré un Capre Anglois, près de Bevesier, qui s'en étant rendu Maitre, l'a mené à Shernes sur la Thamise, où il est arreté depuis le 12. Juin. Suivant des lettres du 7. Juil-*

let

Etats de Gueldres, Hollande, Zéelande, Utrecht, Frise, Overyssel, Groeningue & Ommielanden, au nom & de la part desdits Seigneurs Etats Generaux, avons declaré, comme nous declarons par les presentes, que le vray sens & intention desdits Articles est & doit être, que les Navires & Vaisseaux, appartenants aux Sujets d'une des Parties, peuvent & pouvoient dès la conclusion desdits Articles non seulement passer, traffiquer, & negocier d'un port ou place neutre à une place Ennemie de l'autre partie, où d'une place Ennemie à une place neutre, mais aussi d'un port ou place Ennemie, à un port ou place Ennemie de l'autre partie, soit que telles Places appartiennent au même Prince ou Etat, ou à divers Princes ou Etats avec lesquels l'autre partie est en Guerre, & nous declarons que ceci est le vray & naïf sens, & intention des dits Articles, selon lesquels nous entendons que lesdits articles soient observés et executés en toutes oc-

ca-

---

let le Procès n'etoit encore rien avancé, & on ne savoit pas, quand il seroit fini. Le vaisseau est chargé de Sucre, Caffé Cotton &c. il est estimé à

fl. 108000.

Num. XV. *Le vaisseau* LE LION, *Capitaine* Nicolas Stouby *venant de St. Martin Colonie Hollandoise, destiné pour Amsterdam, chargé de Sucre, Caffé, &c. à été pris dans le Canal par*

occasions de la part de Sa Majesté & desdits E-
tats Generaux & celles de leurs sujets respecti-
vement, sans que toutes fois cette declaration
pourra estre alleguée de part & d'autre, pour
des affaires qui sont arrivées devant la conclusion de la derniere Paix du Mois de Fevrier
$167\frac{3}{4}$, & promettons de faire ratifier ladite de-
cla-

---

*un Capre Anglois & mené à Plymouth, où il de-
meure arreté.   Le Capitaine ecrit, qu'il étoit
traité fort indignement par les Anglois. Le vaisseau & charge est estimé   fl. 120000.*
Num. XVI. *La* RESTITUTION, *Capi-
taine* Matheus Maouw, *venant de St. Martin Colonie Hollandoise, chargé de Sucre, Caffé, Cotton &c. & destiné directement à Amsterdam, fut
attaqué le 2. de Juin de deux vaisseaux Anglois
de Leverpool, qui l'ont arrêté jusqu'au 2. Juin,
le traitant fort rudement, coupant les Sacs de
Caffé, effondrant les tonneaux de Sucre, & fait
beaucoup de brutalité; l'un etoit nommé le Tar-
tare Capitaine John Mooquet, destiné pour Neuwjorc, & l'autre l'Union, Capitaine Pierre Smit,
destiné pour Philadelphia; deux hommes des sieni
ont eté enlevés par l'un des Capres.   Après il a
rencontré le premier Juillet un autre Capre appellé le Bleinheim, Capitaine John Marisield,
qui l'a mené à Porthsmuth, lui a pris ses papiers,
& dit, que la chose seroit portée à un procès. Le
vaisseau & Carguaison est estime á.   fl. 180000.*

claration par Sa Majesté & par les dits Seigneurs Etats Generaux; & seront les ratifications de la dite declaration apportées ici à la Haye, pour y être échangées dans l'espace de deux Mois, ou plus-tôt, si faire se peut, à compter du jour & date de cette declaration. En foi de quoi nous

---

Num. XVII. *Le vaisseau* DANIEL CORNE-LIA, *Capitaine Jean Smit, venant de St. Eustache chargé de Sucre Caffé, &c. & destiné directement pour Amsterdam, a eté pris dans le Canal par un Capre Anglois & mené à Rey, où on l'arrêta, sans qu'on sache ce qui en deviendra. Le vaisseau & charge est estimé à* fl. 100000.

Num. XVIII. *Le vaisseau* DAME CHRISTINE, *Capitaine Cornelis Luitjes, venant de Bourdeaux, chargé de Vin, eau de vie, huile, Savon, Farine, houblon, jambons &c. & autres Marchandises permises, destiné pour St. Eustache, rencontra le* 19. *de May dans le golfe de France un Capre Anglois appellé,* la Pénélope, *Capitaine William Greham, qui aussitôt lui ravit plusieurs effets, de provision & d'utensiles de vaisseau; outre cela, on a donné la torture au Capitaine & au Pilote, leur appliquant les menotes, pour extorquer d'eux des explications contre la verité. Le même Capre a mené le vaisseau à* Bristol, *où il est, sans qu'on sache ce qu'il deviendra. Vaisseau & charge est estimé à* fl. 60000.

nous avons signé la presente, à la Haye ce jour-
d'hui trentiéme Decembre, Mil Six cent Soi-
xante quinze.

Estoit signé & scellé, comme s'ensuit,
(L.S.) W. Temple. (L.S.) W. van Heukelom.
(L. S.) D. van Wyngaerden.
(L. S.) Casp. Fagel.
(L.S.) J. de Mauregnault.
(L.S.) Johan Baron van Reede
Seigneur de Renswoude.
(L.S.) W. van Haren.
(L.S.) H. Ter Borch.
(L.S.) L. Altingh.

Num. XIX. *Le vaisseau* LA PRINCESSE
HERE'DITAIRE DE GRANDE BRETA-
GNE, *Capitaine* Booy Thysen, *venant de Bourdeaux, chargé de vin, farine, beure, lard,
suif, savon, fromages & autres provisions ou
marchandises permises, destinées pour St. Eustache,
fut pris & mené à Montferat, par un Capre Anglois, où on a trouvé bon de confisquer vaisseau
& charge, qui est estimé à*   fl. 60000.

MEMOIRES

POUR SERVIR 'A

L'HISTOIRE

DE NOTRE TEMS,

PAR-RAPPORT AUX DISSENTIONS PRE-
SENTES ENTRE LA GR. BRET. ET
LA REP. DES PROVINCES
UNIES.

(XIII.)

LETTRE DU CHEVALIER TEMPLE,
*Ambassadeur extraordinaire de S. M. le Roi de
la Grande Bretagne auprès de LL. HH. PP.
les Etats Generaux des Provinces Unies,
écrite de la Haye le 6. Novembre 1674.*
à Mr. le Chevalier
JOSEPH WILLIAMSON,
Secretaire d'Etat en Angleterre. *

MONSIEUR!

C'Est avec un très grand plaisir que j'ai
appris par vos lettres du 20. & 30.
du Mois passé, que Sa Majesté est
résolue de me soutenir dans la demande que j'ai

N   faite

* Cette Lettre se trouve dans le troisieme vol. page
79. du Recueil des Lettres du Chevalier Temple, de
l'Edition de Mr. Swift, en 3. voll. â Londres 1703.

„ faite ici: *d'un commerce libre pour tous nos*
„ *vaisseaux & Marchandises*; (qui ne sont pas
„ Contrebande); qu'ils passent & trafiquent
„ *d'un port ennemi à l'autre sans exception.*
„ Car je m'asseure, qu'on ne pourra pas trou-
„ ver ce sens dans les mots des Articles. Aussi
„ cela m'a-t-il engagé, avant que d'avoir reçu
„ vos lettres, à donner un deuxiéme Memoi-
„ re aux Etats Généraux, pour demander la
„ Restitution du vaisseau *Rebecca*, & à leur ex-
„ poser clairement, que s'il nait quelque dou-
„ te sur le sens de l'un ou de l'autre point des
„ Traités qui subsistent entre Sa Majesté & eux,
„ ce doute ne pourroit être levé *sans le Con-*
„ *sentement de Sa Majesté*, & qu'à moins de ce
„ consentement, ils ne pourroient pas eux
„ seuls s'ériger en juges interprétes, contre la
„ signification ordinaire des mots, au préjudice
„ des sujets de Sa Majesté.   C'est là le point
sur

Num. XX. *Le vaisseau* NOVA ARATRUM,
Capitaine Jochem Steekling *venant de St. Eu-*
stache, destiné directement pour Amsterdam, *char-*
gé de Sucre, Caffé &c. fut pris le 12. *de Juillet*
sur la hauteur de Poortland, *par un Capre An-*
glois le Bleinheim, *Capitaine* John Marrisield,
& mené à Portsmouth; *Les Anglois ont pris tou-*
tes les lettres, les ont ouvertes & envoyées à Lon-
dre pour être examinées. Ce vaisseau & Carguai-
son est estimé à   fl. 75000.

,, ſur lequel j'inſiſtois principalement dans mon
,, Memoire; Mais ayant reçu le jour ſuivant
,, l'avis de l'agrément de Sa Majeſté, & de ce
,, qui s'étoit paſſé après vôtre rétour, & vos
,, arguments ſur ce ſujèt, je demandai une heure
,, au Grand-Penſionaire, où nous entrames
,, dans une diſcuſſion bien ample ſur cette ma-
,, tiere. Ses Argumens étoient ſurtout le ju-
,, gement, qu'il prétendoit que pluſieurs Ecri-
,, vains avoient fait ſur ce point; et la conduite
,, de l'Eſpagne, de la France, de la Suede &
,, de nous mêmes, du tems de feu Sa Majeſté
,, & du Roi Jacques, dont il s'offrit de me
,, produire des exemples: enfin il me dit, que
,, l'intention ne pourroit pas être, de faire le
,, Commerce de l'ennemi, mais uniquement de
,, conſerver celui de l'Ami. Je reſolus aiſe-

N 2

,, ment

Num. XXI. *Le vaiſſeau* L'ONZIEME . . .
Capitaine Albert Smit, *venant de* Cork *en Ir-*
lande, chargé de Viande &c. deſtiné pour St.
Euſtache, à eté pris le 16. *de Fevrier entre Bar-*
bada & Antigoa par un Capre Anglois Capitai-
ne Robert Putton *appartenant à la maiſon de Bri-*
ſtol, lui ayant enleve tous les papiers, il l'a mé-
né à Antigoa, où le vaiſſeau étoit encore le 2. .
de Mars, ſans qu'on ſache, ce qu'il deviendra.
Il eſt eſtimé avec la charge à fl. 32500.

Somme fl. 3247500

,, ment cette queſtion par la reponſe que vous
,, y avez donnée, & par mes propres & ſincé-
,, res proteſtations, qu'en ſignant la Confirma-
,, tion de ces Articles, je ne les avois point pris
,, ni entendus dans le ſens, qu'il vouloit main-
,, tenant leur donner ; Mais que je les avois
,, pris dans le même ſens qu'ont les mots :
,, *Vaiſſeau libre, rend libres les Marchandiſes,*
,, *en tous les cas, excepté celui de Contrebande.*
,, Pour ce qui eſt du ſentiment des auteurs qui
,, écrivent ſur des ſujets en general, pour leur
,, propre Réputation ou celui de leur Profeſ-
,, ſion, je lui repondis, qu'ils ne pouvoient pas
,, être admis pour intreprêtes des Traités parti-
,, culiers entre Princes & Etats, qui pourroient
,, convenir entre eux des choſes bien differen-
,, tes de celles que ces Ecrivains appellent le
,, Droit des Gens, ou Raiſon générale, ſous
,, laquelle je crois, ils entendent ordinairement
,, la leur propre. La Conduite d'autres Rois à
,, leur égard ne ſeroit pas une Regle à celle des
,, Etats envers Sa Majeſté, ni un argument
,, pour ne pas nous rendre juſtice, parcequ'ils
,, ne l'obtiennent pas des autres : qu'au con-
,, traire, quoiqu'ils ne l'euſſent pas obtenu,
,, ils l'avoient pourtant toujours demandé de la
,, France & de l'Eſpagne : ce qui prouvoit
,, evidemment, qu'ils ne vouloient pas nous ac-
,, corder ce qu'ils eſtimoient juſte dans leur
,, propre cauſe. Touchant la maniere d'agir

,, de

„ de nôtre coté du tems de feu Sa Majesté,
„ dont il voulut m'alleguer des exemples, j'au-
„ rois bien voulu les apprendre, mais je ne
„ comprennois pas quel rapport ils pourroient
„ avoir au cas présent, ce dernier s'appuiant
„ sur des Articles, qui n'ont jamais été en vi-
„ gueur entre Sa Majesté & cet Etat, avant le
„ Traité de Breda. J'ajoutois à ce que j'avois
„ dit dans mon Mémoire, combien leur pré-
„ tention étoit injuste de vouloir donner une
„ explication perverse à des termes très clairs,
„ sans le consentement de Sa Majesté: que cela
„ n'étoit pas en agir bien dans un tems, où l'a-
„ vantage d'un tel article étoit de nôtre côté
„ seule, mais qui par une Révolution commu-
„ ne de Guerre & de Paix pourroit demain de-
„ venir avantageux à eux, comme il l'étoit à
„ nous aujourd'hui; & qu'en pareil cas si l'a-
„ vantage de tels articles avoit été de leur coté
„ vis-à-vis de la France & de l'Espagne, ils
„ auroient toujours insisté sur le même point,
„ que nous faisions à-present, sans se desister
„ *soit qu'ils l'eussent obtenu ou non.*

„ Après un long discours & animé avec le
„ Grand-Pensionaire, il ceda, & dit: que pour
„ sa part, il seroit content que la chose fut
„ ainsi que je desirois, puisque le Roi l'enten-
„ doit ainsi, & que l'avantage venoit réciproque
„ entre les deux partis. Qu'il n'y pouvoit rien
„ faire, avant l'avis des Etats Generaux à l'As-

N 3

sem-

„ semblée des Etats de Hollande, qui se fe-
„ roit en quinze jours; qu'alors il en feroit la
„ proposition & tacheroit de les engager à com-
„ plaire à Sa Majesté; & principalement, si le
„ Prince à son retour l'approuvoit. Cependant
„ il auroit soin que les effets du vaisseau Re-
„ becca ou le produit fut mis en dépot, jusqu'à
„ ce que les Etats eussent resolu sur cette affai-
„ re : le vaisseau même aiant été relaché, est deja
„ parti, suivant une Résolution prise sur ce
„ sujet par les Etats le May passé.

„ Je me suis fort étendu en réprésentant
„ cette affaire telle qu'elle subsiste entre le Grand-
„ Pensionaire & moi, *parcequ'elle est de si gran-*
„ *de importance pour nôtre Commerce à present,*
„ et afin que Sa Majesté puisse mieux voir le
„ Droit de son Coté, pour le maintenir plus
„ fortement. Et il vous plaira de m'envoyer en-
„ core des argumens, avant que j'entre en nego-
„ ciation avec les Commissaires, qui peut-être
„ pourroient faire des difficultés, quoique le
„ Grand-Pensionaire en soit content.

„ Pour ce qui est des passeports & ordres à
„ envoyer à Suriname avec le vaisseau d'avis, il
„ me promet, qu'ils seroient prèts, pourvû que
„ j'eusse les noms du vaisseau & du Capitaine;
„ Mais il s'excuse sur ce qu'ils ne seroient pas
„ passés en blanc, parceque cela étoit contraire
„ à l'ancienne coutume que l'Etat avoit tou-
„ jours suivi. Comme en effèt j'en doute, je
„ prens

„ prens donc la liberté de demander vôtre in-
„ struction sur ce sujet aussi-tôt qu'il sera pos-
„ sible.

„ Quoique les Gazettes d'ici parlent encore
„ assez favorablement des forces, ou du moins
„ de la contenance des troupes alliées en Alsa-
„ ce, j'ai vû hier une lettre de fort bonne main,
„ qui mande des nouvelles differentes, savoir,
„ qu'on avoit rénoncé à la pensée d'attaquer
„ Monf. de Turenne, & que les Troupes de
„ Brandebourg & de Lunebourg parloient d'al-
„ ler dans les quartiers d'hiver dans la Haute
„ Alsace, pendant que les Imperiales & celles
„ des autres Cercles vouloient prendre les leurs
„ dans la Suabe; que cependant on croioit à
„ Strasbourg, que Mr. de Turenne tiendroit en-
„ core en Campagne, pour engager les alliés
„ d'en faire de même ou les forcer à repasser le
„ Rhin. Tout le service que la Cavallerie des
„ alliés a rendu dans les Païs-Bas se reduit com-
„ me je crois, à tenir les François en allarme
„ pour ne pas envoïer plus de troupes à Monf.
„ de Turenne. Le Prince vint dimanche passé
„ à une maison qu'il batit dans la Province d'U-
„ trecht, il fit hier une grande partie de chasse,
„ & suivant quelques-uns, il pense être ici au-
„ jourd'hui; mais d'autres disent qu'il ne vien-
„ droit avant jeudi. Hier furent envoié 40,
„ tonneaux de Poix-resine devant ma maison à
„ cette occasion, avec avis, qu'un pareil nom-
N 4   „ bre

„ bre étoit envoié aux autres Miniſtres étrangers
„ aux depens des Etats; mais j'ordonnai de les
„ ramener; & j'ai dit à quelques-uns des Etats,
„ que ſi jamais j'allumerois de pareils feux je
„ ne les ferois qu'aux dépens de Sa Majeſté, &
„ qu'en cette occaſion je ne jugeois point à-pro-
„ pos du tout d'en rien faire, Sa Majeſté aiant
„ offert ſa mediation dans un different entre
„ deux de ſes alliés, & qu'il ne convenoit pas
„ à un Mediateur que ſon Miniſtre prit part de
„ cette façon aux avantages de l'un ou de l'au-
„ tre.   Ils alleguerent une ancienne coutume
„ en de ſemblables occaſions, & que cela ſeroit
„ fait par ceux que les Etats emploient, dans
„ les places de la ville.   Je leur repondis :
„ qu'ils feroient ce qui bon leur ſembleroit;
„ mais que je ne pourrois aucunement m'en
„ meler.

„ Vous excuſerez que je vous ai tant été à
„ charge par ma lettre, que je finis en aſſurant
„ que je ſuis toujours.

Traduction des ordres de Sa Majeſté au Lord
& premier Commiſſaire de l'Amirauté.

GEORGE ROI.

Bien aimé & féal Couſin & Conſeiller, fidè-
le & bien aimé, nous vous ſaluons en tout
bon vouloir.   Comme le Sieur Hop, Envoyé
extraordinaire de nos bons Amis & Alliés les
Etats-

Etats-Généraux des Provinces-Unies, a fait & repeté de fortes plaintes, que, depuis le commencement de la presente Guerre avec l'Espagne, les Capitaines & Officiers de nos Vaisseaux de Guerre, & autres ayant nôtre Commission, sans aucun égard aux Termes du Traité de Marine fait entre nôtre Royal Prédécesseur le Roi Charles second & leurs Hautes Puissances les Etats-Généraux des Provinces-Unies des Païs-Bas, conclu à Londres le premier Decembre 1674. vieux Style, & renouvellé en force par des Traités posterieurs, ont pris souvent des Navires Hollandois avec leur Cargaison, tant en Europe qu'en Amérique, sous pretexte qu'il s'y trouvoit des Marchandises Espagnoles, quoique non de Contrebande, & que nos Tribunaux d'Amirauté en diverses instances avoient condamné les dits Navires avec leurs Cargaisons, en contradiction directe du dit Traité; & comme notre intention Royale est, que tous Engagements subsistants entre Nous & les Etats-Généraux, soient observés scrupuleusement & religieusement, & voulant en outre donner tous les témoignages possibles d'égard & d'amitié pour les Sujets des dits nos bons Amis & Alliés, pour ce est notre volonté & plaisir, qu'autant il sera de votre pouvoir, vous fassiez faire due réparation & satisfaction, en tout cas où vous trouverez que par quelqu'un de nos Sujets aura été violé cequi a été stipulé dans le susdit Traité.

N 5   té,

té.   Il est de plus de notre volonté & plaisir, & vous authorisons & chargeons par les presentes, que vous expediyez des Instructions à nos divers Tribunaux d'Amirauté où se pourroient porter des plaintes touchant pareilles Prises, d'avoir l'attention la plus scrupuleuse pour cequi est stipulé dans le dit Traité de Marine, & autres Traités subsistants entre nous & nos bons Amis & Alliés les Etats-Génénéraux : ainsi Nous vous souhaitons de bon cœur tout Bien.   Donné à notre Cour de St. James le septième jour d'Avril 1743., en la seizième année de notre Regne.

Aux bas se trouvoit

par ordre du Roi

étoit signé

CARTERET.

Traduction des ordres de Sa Majesté aux autres Lords & Commissaires de l'Amirauté.

GEORGE ROI.

BIEN-fidéle & Bien-aimé Cousin & Conseiller, & Fidèles & Bien-aimés, Nous vous saluons en tout bon vouloir.   Comme le Sieur Hop, Envoyé extraordinaire de nos bons Amis & Alliés les Etats-Généraux des Provinces-Unies, a fait des plaintes très-fortes & repetées, que, depuis la presente guerre avec l'Espagne, les

Ca-

Capitaines & Officiers de nos Vaiſſeaux de Guerre, & autres ayants notre Commiſſion, ſans
aucun égard pour le Traité de Marine fait entre
notre Royal Prédeceſſeur le Roi Charles ſecond
& leurs Hautes Puiſſances les Seigneurs Etats-
Généraux des Provinces - Unies des Païs - Bas,
conclu à Londres le premier Decembre 1674,
vieux Stile, & renouvellé en force par des Traités poſterieurs, ont ſouvent pris des Navires
Hollandois avec leur Cargaiſon, tant en Europe
qu'en Amérique, ſous pretexte qu'il s'y trouvoit
des Marchandiſes Eſpagnoles, quoique non de
Contrebande; & comme il eſt de Notre Royale
intention que tous les Engagemens qui ſubſi-
ſtent entre Nous & Nos bons Amis & Alliés les
Etats-Généraux, ſoyent obſervés ſcrupuleuſement & religieuſement; pour ce, il eſt de notre vouloir & bon plaiſir, & Nous vous auto-
riſons & donnons plein pouvoir par les preſentes,
à cette fin que vous ordonniez à tous Capitaines de Navire qui auront vos Lettres de marque
& Commiſſion pour des vaiſſeaux particuliérs
armés en Guerre contre notre Frère le Roi d'E-
ſpagne & ſes Sujets, qu'ils ayent à obſerver
ſcrupuleuſement & religieuſement le dit Traité
de Marine, & qu'ils donnent fûreté ou Caution
conformément à l'Article X. pour la due exécution de dite obſervance; ainſi vous ſouhaitons tout bien. Donné à notre Cour de St. James

mes le septiéme jour d'Avril 1743. en la seizié-
me année de notre Regne.

au bas

par ordre du Roi

(signé)

CARTERET.

*Traduction des Ordres de Sa Majesté aux Sieurs
Commissaires de l'Amirauté.*

GEORGE ROI.

Fideles & Bien-aimés, Nous vous saluons en
tout bon-vouloir.   Comme le Sieur Hop,
Envoyé extraordinaire de nos bons Amis & Alliés, les Etats-Generaux des Provinces-Unies
des Pays-Bas, a fait & repeté de fortes plaintes,
que, depuis la presente Guerre avec l'Espagne,
les Capitaines & Officiers de Nos Vaisseaux de
Guerre & autres ayants nôtre Commission, sans
avoir égard aux termes du Traité de Marine fait
entre Nôtre Royal Predecesseur le Roi Charles
second & leurs Hautes Puissances les Seigneurs
Etats-Generaux des Provinces-Unies des Pays-
bas, conclu à Londres le 1. Decembre 1674.
vieux stile, & renouvellé en force par des Traités posterieurs, ont pris souvent des Navires
Hollandois avec leur Cargaison, tant en Europe qu'en Amerique, sous pretexte qu'il y avoit
des Marchandises Espagnoles, quoique non de
Con-

Contrebande; & comme il eſt de nôtre Royale Intention, que tous les Engagemens qui ſub-ſiſtent entre Nous & nos bons Amis & Alliés les Etats-Generaux, ſoient ſcrupuleuſement & religieuſement obſervés; pour ce il eſt de Nô-tre Vouloir & bon-plaiſir, & Nous vous auto-riſons & donnons plein-pouvoir par les preſen-tes, à cette fin que tous Capitaines de Navire qui auront vos Lettres de marque & Commiſſion pour Vaiſſeau particuliers armés en Guerre con-tre Nôtre Frére le Roi d'Eſpagne & ſes Sujets, ayent vos ordres d'obſerver ſcrupuleuſement & religieuſement ledit Traité de Marine, & don-nent Sureté ou Caution, ſuivant l'Article X., pour la duë exécution de la dite obſervance. Ainſi Nous vous ſouhaitons tout bien-être. Donné à Nôtre Cour de St. James le 13. Avril 1743. en la ſeiziéme Année de nôtre Regne.

Au bas,

par ordre du Roi,

Signé

HOLLES NEWCASTLE.

Pro memoria.

Pareilles Lettres ont été expediées aux Gouverneurs de

Barbados.
Des Isles de Leeward.

Ber-

Bermuda.
Des Isles de Bahama.
La Baye de Massachuset.
Nouvel Hampshire.
Nouvelle Ecosse.
Nouvelle Jork.
Nouvelle Gersey.
Virginie.
Sud - Caroline.
Nord - Caroline.
Mary - Land.
Pensylvanie.
Terreneuve.
Isle de Rhode.
Connectitat.
Général Oglethorp.
au Gouverneur de Gibraltar.
au Gouverneur de Minorca.

Traduction.

GEORGE ROI.

A Nôtre bien-fidele & bien-aimé Cousin & Conseiller, & autres Nos bien-fideles & bien-aimés, Salut. Nous ayant été représenté par Nôtre Ministre en Hollande, qu'on y demandoit explication touchant la Clausule de Nôtre Déclaration de Guerre contre les Couronnes d'Espagne & de France, où il est dit que les Navires de toute Nation, où se trouveroient des

Mar-

Marchandises de Contrebande, destinées pour des Ports ennemis, seroient sujets à Confiscation; & qu'on appréhendoit que des Navires appartenants aux Sujets de Nos bons Amis & Alliés les Etats Generaux, pourroient être confisqués sous pretexte qu'une partie de leur charge fût de Marchandises de Contrebande, ce qui est contraire aux Articles exprès du Traité de Marine conclu à Londres entre Nôtre Couronne & la Republique le 1. Decembre 1674. & qui a été renouvellé en force par des Traités postérieurs; & que par une Explication plus étendue qu'en a été l'intention des termes generaux des dites Déclarations de Guerre (savoir de Marchandises de Contrebande) les Capitaines & Officiers de Nos Vaisseaux de Guerre, & autres navigeants sous Nôtre Commission, pourroient peut-être prendre des Navires Hollandois & leur Cargaison, tant en Europe qu'en Amerique, sous pretexte qu'il s'y trouveroit des Marchandises Espagnoles ou Françoises, quoique non de Contrebande. Et comme il est de Nôtre Royale Intention, que le susdit Traité de Marine & tous autres Engagements subsistans entre Nous & Nos bons Amis & Alliés susdits, soient observés scrupuleusement & religieusement, pour ces causes il est de Nôtre Volonté & desir, & vous autorisons & donnons plein-pouvoir par les presentes, que vous ordonniez à tous Capitaines de nos Vaisseaux de

Guer-

Guerre, & aux Capitaines des autres Vaisseaux
à qui vous donnerez des Lettres de marque &
Commission pour des Vaisseaux de Guerre particuliers contre les Rois d'Espagne & de France
& leurs Sujets, à cette fin qu'ils observent scrupuleusement & religieusement le susdit Traité de
Marine, & que les dits Capitaines soient obligés en conformité de l'Article X. de donner
Caution pour la fidele observance dudit Traité.
Et en outre est nôtre Volonté & bon-plaisir, &
Nous vous autorisons & donnons plein-pouvoir
par les presentes, que vous ordonniez à nos Tribunaux d'Amirauté, où les Differents touchant
pareilles Captures pourroient être debattus, qu'ils
ayent à se conduire de la maniere la plus exacte
selon ce qui a été stipulé dans le susdit Traité de
Marine & autres Traités subsistans entre Nous
& les susdits Nos bons Amis & Alliés les Etats-
Generaux. Et Nous vous souhaitons de cœur
tout bien-être. Donné à Nôtre Cour de St. James le 30. Avril 1744. en la dixseptieme Année
de Nôtre Regne.

> Au-bas
> *Par ordre de Sa Majesté*
> Signé
>
> *CARTERET.*

www.ingramcontent.com/pod-product-compliance
Lightning Source LLC
LaVergne TN
LVHW020203030726
842520LV00003B/868